CONSTANTIN ALEXANDER,
DAGMARA SYRING

HERZSTÜCKE in HANNOVER

BESONDERES ABSEITS DER BEKANNTEN WEGE ENTDECKEN

BRUCKMANN

LIEBE LESERIN,
LIEBER LESER,

die Hannoveraner wissen, was sie an ihrer Stadt haben!
Dabei hat sich Hannover in den vergangenen Jahren
radikal geändert: Galt die Innenstadt früher als grau
und dunkel, ist sie inzwischen eine der beliebtesten
Ziele für Shopping-Fans aus ganz Norddeutschland
geworden. Gleichzeitig wurde das Verkehrssystem
so umgebaut, dass man überall gut mit öffentlichen
Verkehrsmitteln hinkommt; Fahrradfahrer haben ein
tolles Verkehrsnetz zur Verfügung, das kontinuierlich ausgebaut wird.
Und in den Flüssen kann man sogar wieder baden. Wer Hannover einmal
wirklich eine Chance gegeben hat, kommt immer wieder oder bleibt am
Ende vielleicht ganz.

Viel Spaß beim Entdecken!

Constantin Alexander
Dagmara Syring

IMMER
EINE SÜNDE WERT!

MEINE LIEBLINGSLÄDEN
ZUM ESSEN, TRINKEN
UND EINKAUFEN

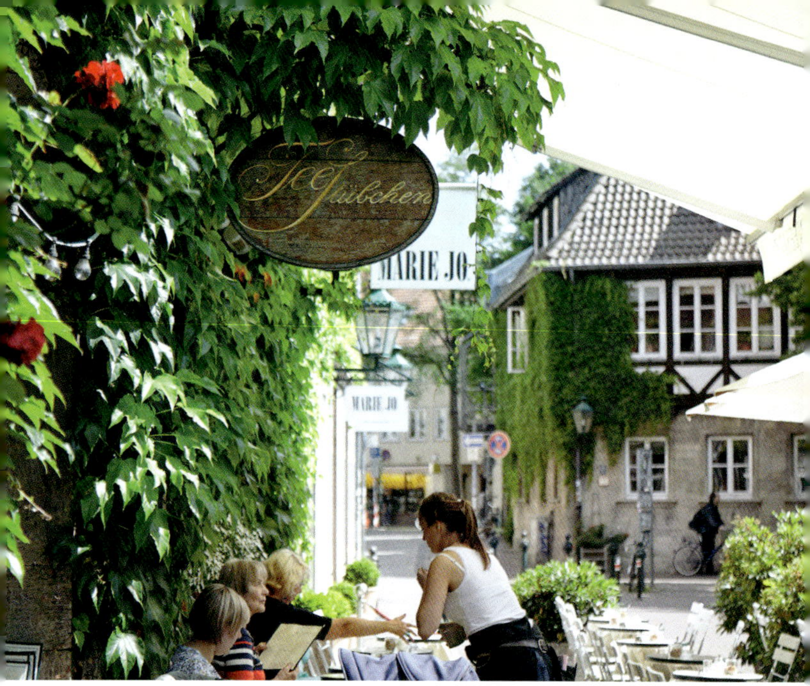
Teestübchen
MARIE JO
MARIE JO

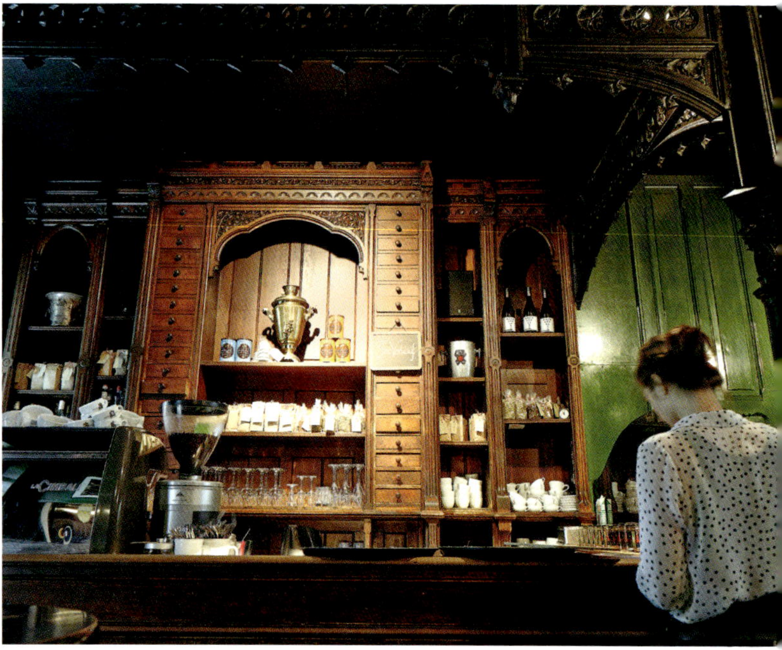

IT'S TEATIME, BABY

Das Teestübchen in der Altstadt Hannovers ist eine Institution. Seit 1970 finden hier Freunde des Aufgussgetränks die beste Auswahl in der Stadt, leckere Kuchen und kleine Snacks. Und allein die alte, gemütliche Einrichtung lohnt schon einen Besuch in dem efeubewachsenen Altbau.

Als Anna Bohnecke 2012 starb, verschwand eine wahre Institution Hannovers. Die »Königin der Altstadt«, wie sie immer liebevoll genannt wurde, war jahrzehntelang die gute Seele des Teestübchens am Ballhofplatz. Bis fast zum Schluss stand sie noch in der Küche oder im Laden, buk, unterhielt sich mit Kunden und sorgte so mit für die einzigartige Atmosphäre.

Inzwischen hat ihre Enkelin Josephine das Teehaus übernommen, an den Kuchen, die seit der Eröffnung 1970 im Keller gebacken werden, hat sie jedoch nichts geändert. Und auch die Einrichtung ist gleich geblieben: Alte Möbel stehen neben gemütlichen Sitzen, die mit Rosenstoff bezogen sind. Das Mobiliar wurde teilweise aus Frankreich importiert, sofort fällt der runde Kaffeeschrank auf, der vor rund 100 Jahren in einem alten Caféhaus stand. Und an der Wand hängt ein Bild von Anna Bohnecke, die scheinbar noch alles überblickt.

Im Teestübchen gibt es wohl die größte und beste Auswahl von Tees in Hannover. Zahlreiche erlesene Schwarzteesorten, Grünen Tee, Weißen, Roibusch oder Früchtetee. Außerdem werden neben den Kuchen auch Snacks und kleine Gerichte angeboten. Im Sommer stehen zahlreiche gemütliche Sitze und Liegen vor dem Haus, dann bekommen Sie das Gefühl, durch die alten Gebäude um einen herum in einer ganz anderen Stadt zu sitzen. Im Winter ist das Teestübchen der perfekte Ort zum Zurückziehen, Lesen und Aufwärmen.

> Das Teestübchen ist der ideale Ort, um vor einem Theaterbesuch gegenüber im Ballhof noch schnell eine Kleinigkeit zu trinken und zu essen – die beste Stärkung vor einer Aufführung.

Teestübchen · Mo–So 10–23.30 Uhr · Ballhofplatz 2 · 30159 Hannover
Tel. 0511 / 363 16 82 · www.teestuebchen-hannover.de

02 AUF ZEITREISE ZUM ZUCKERBÄCKER

Üppige Kakaos, riesige Tortenstücke und feines Gebäck – die Holländische Kakaostube entführt ihre Gäste in eine Zeit, als der Zuckerbäcker der Traumberuf vieler Kinder war. Hier vergessen Sie sämtliche Diätpläne und genießen einfach hemmungslos. Und auch die Einrichtung ist ein Fest für die Sinne.

»Ein paar der Schokoladenraspel musst du sofort essen. Den Rest verrührst du einfach, damit du am Schluss die dickflüssige Masse vom Tassenboden kratzen kannst.« Ich war ein kleines Kind, als mein Vater mir zum ersten Mal erklärte, wie ich die Wiener Schokolade in der Holländischen Kakaostube richtig trinke. Seitdem mache ich es immer so, und es schmeckt immer noch wie beim ersten Mal: eine Geschmacksexplosion aus Kakao.

Für uns war es immer etwas Besonderes, in das gefliese Café zu gehen. Zu sehr sah es aus wie aus einer Fantasiewelt: Bilder von alten Schlachtschiffen, Kacheln mit niederländischen Motiven, die Ausstattung aus Holz, Chrom und Glas – mitten in der Innenstadt hatte sich hier so etwas wie ein Kolonialwarenladen erhalten. Die Holländische Kakaostube wirkt dabei wie eine Zeitmaschine: Während sich draußen alles änderte, blieb das Aussehen drinnen seit Jahrzehnten gleich. Und auch die Qualität der Torten, Kuchen und Kakaos ist gleichbleibend toll geblieben. Ob die üppige Sahnetorte, das feine Gebäck, Früchtekuchen oder französische Petits Fours: die Konditoren der Holländischen Kakaostube verstehen ihr Handwerk und gehören so immer noch zu den besten der Stadt. Alles können Sie vor Ort genießen, aber auch mitnehmen. Dazu gibt es eine kleine Auswahl salziger Snacks.

 Jeden Samstag gibt es ab 18 Uhr ein tolles Büfett. Es ist sehr beliebt, also sollten Sie unbedingt einen Tisch reservieren.

Gerne kommen hier aber auch hannoversche Prominente mit ihrer Familie her. Ob aus Politik oder Unterhaltung – hier darf jeder ungestört seinen Kakao auslöffeln.

Holländische Kakaostube · Mo–Fr 9–19.30, Sa 9–18.30 Uhr · Ständehausstraße 2
30159 Hannover · Tel. 0511 / 30 41 00 · www.hollaendische-kakao-stube.de

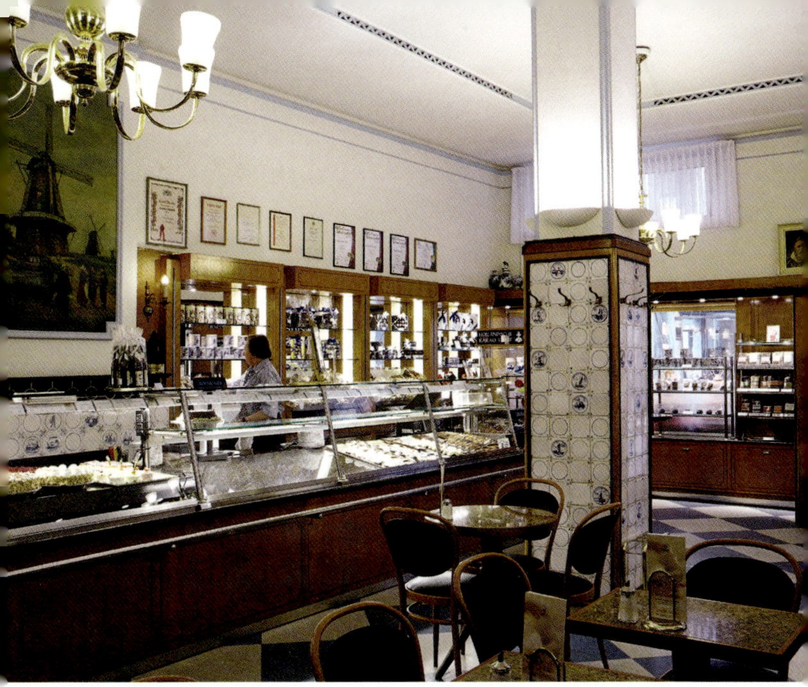

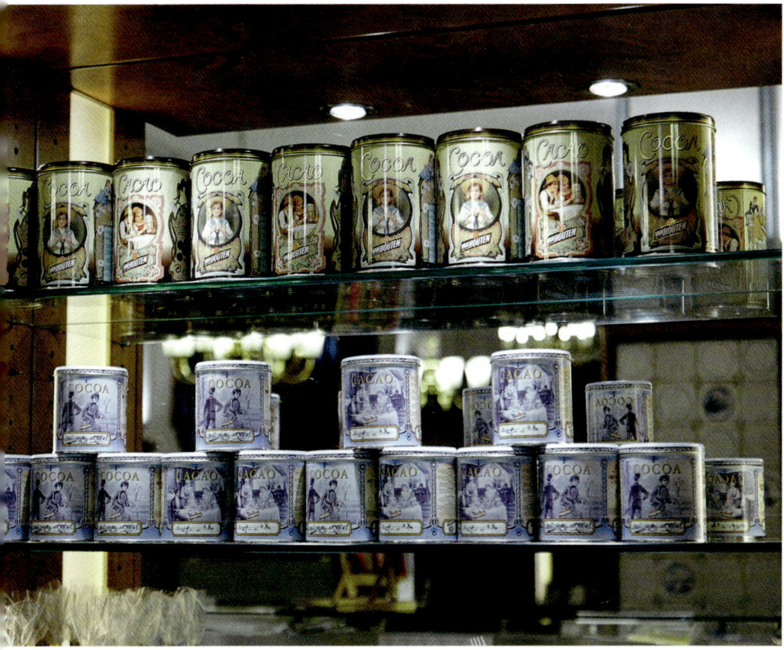
COCOA
CACAO

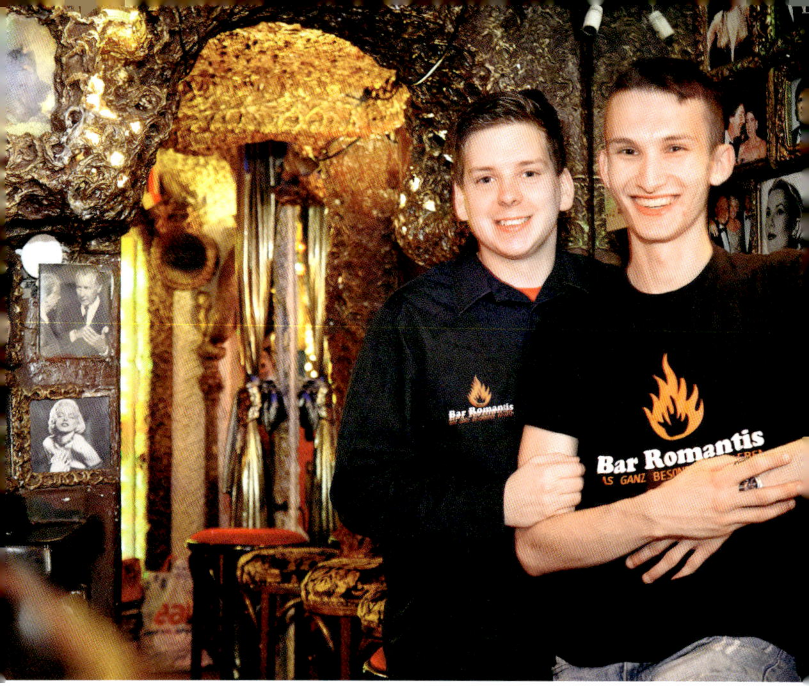
Bar Romantis

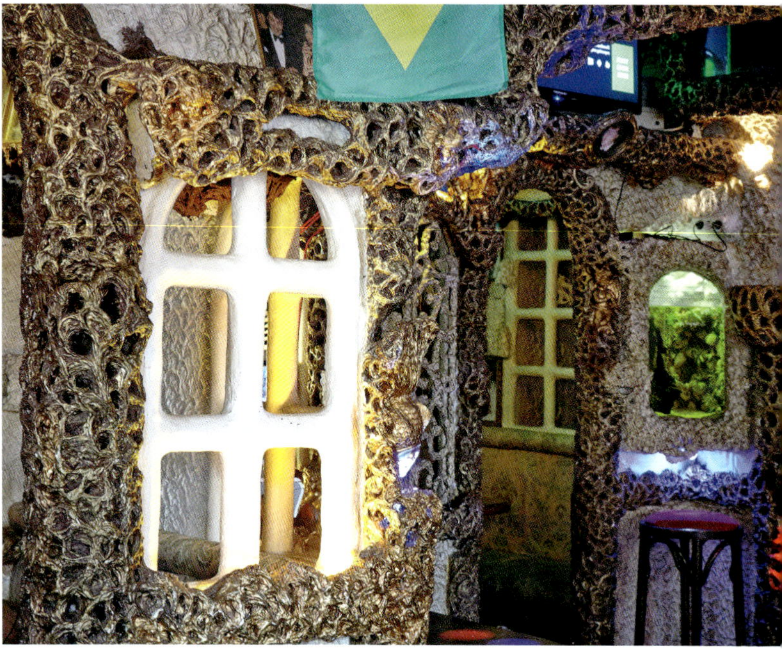

PRUNKVOLL FEIERN

Die Bar Romantis ist allein wegen der Einrichtung einen Besuch wert. Die Gestaltung der Kneipe könnte aus dem Traum eines Künstlers wie Salvador Dalí entstammen. Gleichzeitig ist die Stimmung eine der ausgelassensten der Stadt: Nicht umsonst gilt das »Romantis« als eine der besten Schwulenkneipen Hannovers.

Über die richtige Einrichtung einer Bar lässt sich jahrzehntelang forschen. Wie schafft man es, dass sich die Gäste wohlfühlen und nicht nur steif an der Bar rumhängen oder traurig Getränke in sich reinschütten? Und: Wie kann man über die Gestaltung die passenden Menschen anlocken, die den Laden mit Leben füllen und die Abende unvergesslich machen?

Der Bar Romantis in der Innenstadt scheint das mit ihrer aufwendigen Einrichtung gelungen zu sein. Prunkvoll und gleichzeitig organisch scheinen hier die Wände zu wabern. Wie eine eigenwillige Mischung aus einem Kokon und einer barocken Fantasie.

Schon beim ersten Blick werden Sie erkennen: Dies ist keine gewöhnliche Kneipe. Und das Romantis will das auch gar nicht sein. Allein die 400 Engel und 42 Aquarien zeugen von der Detailverliebtheit des Teams.

Der Laden gilt in Hannover als einer der besten, der explizit ein homosexuelles Publikum anspricht. Doch das Romantis ist dabei keine Art geschlossenes Vereinsheim: Jeder entspannte und offene Feierwütige ist hier gerne gesehen, egal welcher sexuellen Orientierung er angehört. Ob Bier, Cocktails oder ein paar schnelle Kurze – die Getränkeauswahl ist gut und die Preise für Innenstadtverhältnisse moderat.

Das Programm besteht aus regelmäßigen Karaokeabenden, Table Quiz und abgefahrenen Mottopartys.

> Wer nach einem Besuch im Romantis immer noch weiterfeiern will, geht einfach ein paar Minuten bis zum Thielenplatz. Die dortige Minibar im Smartcity-Hotel hat rund um die Uhr offen und bietet ebenfalls leckere Cocktails an.

Bar Romantis · Mo–Sa 18 Uhr bis der letzte Gast geht · Lavesstraße 64 · 30159 Hannover
Tel. 0511 / 54 57 52 39 · www.bar-romantis.de

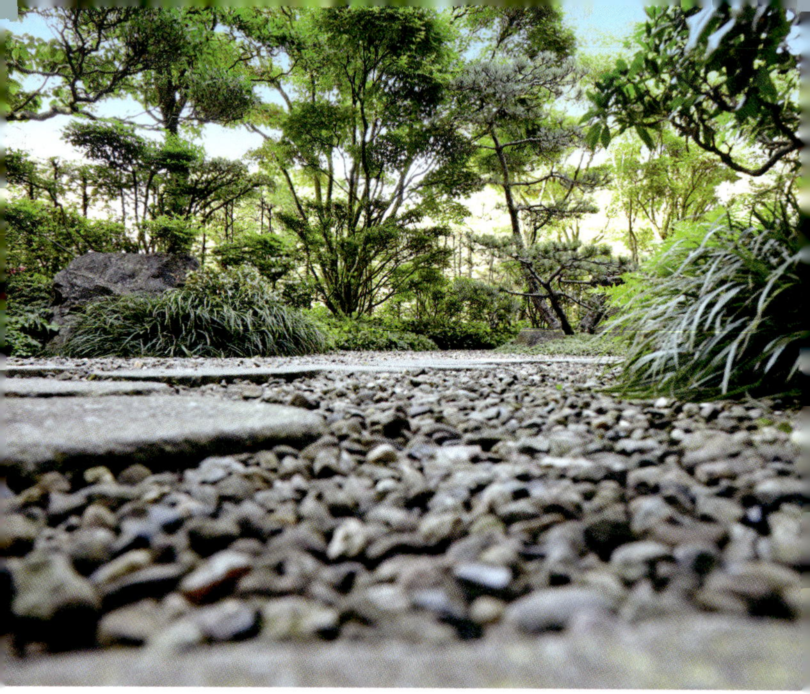

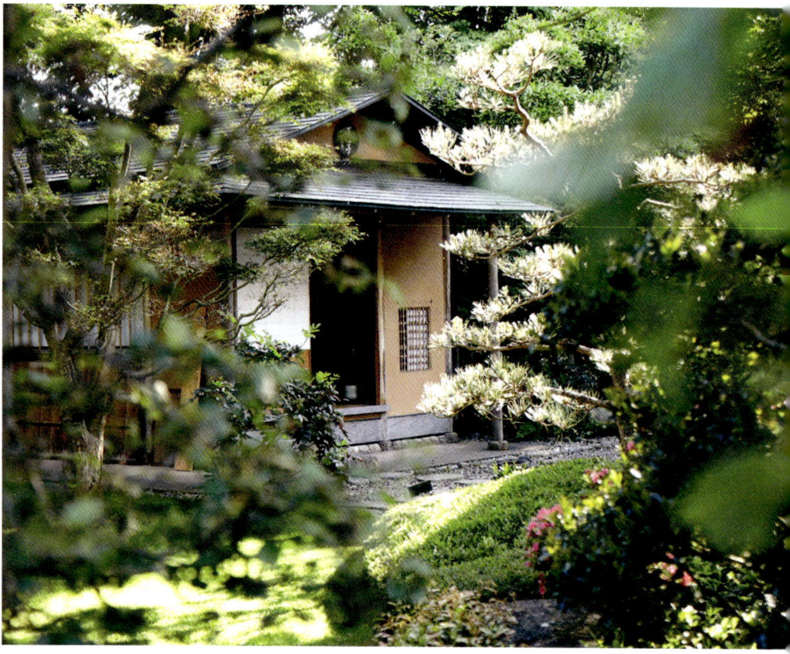

EIN KLEINES STÜCK FERNOST

Am südlichen Ende des Stadtparks Hannover versteckt sich ein urtümlicher japanischer Teegarten. Hier finden Besucher Ruhe und Entspannung. Gleichzeitig ist er aber auch ein Zeichen der Städtefreundschaft zwischen der Leinemetropole und Hiroshima, die seit Jahrzehnten intensiv gepflegt wird.

Es ist eines der botanischen Geheimnisse Hannovers. In einer kleinen Ecke am südlichen Ende des schönen Stadtparks im Zooviertel versteckt sich ein japanischer Teegarten. 1996 wurde er eingeweiht und steht für die Städtepartnerschaft zwischen Hannover und der japanischen Metropole Hiroshima. Regelmäßig werden hier traditionelle Teezeremonien veranstaltet. Besucher können sich besonders über die Blütezeit der Rhododendren im Mai, die der Rosen im Juni und Juli und die der Prachtstauden von August bis September freuen.

> Nur wenige Meter entfernt liegt mit dem Rosencafé ein schöner Ort für einen Imbiss. Die Einrichtung des kleinen Pavillons erinnert dabei an die 1950er-Jahre und macht das Café zu einem tollen Fotomotiv.

Sie finden in dem kleinen Stück fernöstlicher Gartenbaukunst aber auch Ruhe und Besinnung, das macht den Garten zu einer Oase mitten in der hektischen Stadt. Der Hintergrund dieses Gartens ist jedoch ernst. Hiroshima als Abwurfstelle einer der Atombomben und Hannover als im Krieg weitestgehend zerstörte Stadt fanden sich im Rahmen der Aufarbeitung des Zweiten Weltkriegs in den 1960er-Jahren zusammen.

Gegenseitige Besuche und der Austausch von Schülergruppen prägten lange die Beziehung. Noch heute wird traditionell am Jahrestag des Atombombenabwurfs auf die japanische Metropole, am 6. August 1945, der Opfer auf beiden Seiten gedacht.

Das kleine Teegärtchen wirkt vor diesem Hintergrund dabei wie ein Mahnmal der Zivilisation gegen die Gräuel des Kriegs, und es vereint die Lehren japanischen Gartenbaus in ihrer Mischung aus Strenge, Disziplin, Detailverliebtheit und Tradition.

Japanischer Teegarten im Stadtpark · Mo–So 8–21 Uhr · Theodor-Heuss-Platz 1 · 30175 Hannover

05 FISCH GIBT'S

Das Seestern ist das wohl älteste Fischrestaurant Hannovers. Gäste bekommen hier traditionelle Gerichte und eine kleine Zeitreise ins gute alte Westdeutschland. Denn an der Einrichtung und der Speisekarte wurde in den vergangenen Jahren sehr wenig geändert. Schließlich hat sich hier das Leckere längst durchgesetzt.

Hannovers Fußballfans singen wegen ihrer gepflegten Feindschaft mit den Anhängern von Werder Bremen gerne mal den Schlachtruf: »Und wir kaufen unseren Fisch in Steinhude!« Die sicher nicht ganz ernst gemeinte Beleidigung spielt dabei auf das Steinhuder Meer als Fischereirevier in der Region an. Doch für Fischliebhaber müssen es nicht unbedingt Tiere aus der Region sein, wenn sie schlemmen wollen. Das Restaurant Seestern in der Innenstadt bekommt einen Großteil seines Angebots seit Jahrzehnten aus Hamburg. Dort wird der Fisch frisch im Hafen eingekauft, bevor er dann den Weg an die Leinemetropole findet.

Das vermutlich älteste Fischrestaurant Hannovers – es wurde 1928 eröffnet – ist eines der kulinarischen Geheimnisse der Stadt. Gab es früher in den Städten noch viele dieser Fischbratereien, gehören die meisten Läden inzwischen zu austauschbaren Ketten – aber nicht so das individuell geführte Seestern.

Gelegen in einer sonst eher unscheinbaren Nebenstraße kommen hier seit Jahrzehnten beliebte Gerichte wie Brat- oder Backfisch auf den Tisch. Dazu gibt es selbst gemachten Kartoffelsalat oder Bratkartoffeln und leckere Remoulade.

Die Bedienungen sind aufmerksam, schnell und freundlich, und die Einrichtung lädt zu einer Zeitreise ein: Hier findet sich das gute alte Westdeutschland. Zusammen mit dem Essen entsteht so das gleiche Gefühl wie damals im Urlaub an der Nordsee mit den Großeltern. Das Seestern wirkt von außen unscheinbar, doch davon sollte man sich nicht abschrecken lassen. Denn hier geht es wirklich vor allem um das leckere Essen, und das ist auch gut so.

Seestern · Mo–Fr 11–18, Sa 11–17 Uhr · Andreaestraße 2 · 30159 Hannover · Tel. 0511/328783

06 KOCHEN OHNE KNOCHEN

Lange bevor vegetarische und vegane Ernährung Trend wurde, setzte das Restaurant Hiller am Rande der Innenstadt auf eine Ernährung ohne tierische Produkte. Bereits 1955 wurde es eröffnet und hat sich in den Jahrzehnten danach immer wieder neu erfunden. Die Qualität und die Liebe zum Essen blieben dabei immer hoch.

Es gab Zeiten, da tauschten sich Vegetarier und Veganer in Hannover wie in einer Art Geheimbund aus, wo sich gut essen gehen ließ. Das Angebot war lange Zeit eher mäßig, aber auf ein Restaurant konnten sich Menschen, die auf tierische Produkte verzichten, seit Jahrzehnten verlassen: das Restaurant Hiller zwischen der Innenstadt und der Südstadt.

Lange bevor es hip wurde, sich vegetarisch oder vegan zu ernähren und in jeder Kochshow Rezepte mit Tofu vorgestellt wurden, wurde im Hiller Kochen ohne Knochen praktiziert. Wie durch Absicht gelegen in der Blumenstraße bietet das Restaurant seit 1955 ausschließlich tierfreien Genuss zu moderaten Preisen. Seit 2012 sind alle Produkte außerdem komplett vegan.

Lange Zeit war das Hiller die einzige Möglichkeit, um Essen ohne tierische Produkte zu genießen und nicht nur Kartoffeln und Gemüse zu bekommen. Denn dass vegane Ernährung nichts mit Verzicht zu tun hat, das zeigen die zahlreichen Gerichte, und das riechen Sie bereits, wenn Sie in das liebevoll eingerichtete Restaurant kommen.

Zum Mittag gibt es immer ein kleines Drei-Gänge-Menü, abends können Sie neben den Menüs außerdem noch à la carte auswählen. Wenn Sie sich denn bei der großen Auswahl entscheiden können, denn hier wird kreativ gekocht. Futterneid beim Blick auf den Teller des Nachbarn ist da garantiert. Die Gerichte richten sich dabei auch nach dem saisonalen Angebot.

Dazu gibt es zahlreiche frisch gepresste Säfte, Bio-Weine und Bio-Bier sowie fair gehandelten Tee und Kaffee. Wer Lust hat auf veganes Schlemmen, der ist im Hiller genau richtig.

Hiller · Mo–Sa 12–23 Uhr · Blumenstraße 3 · 30159 Hannover · Tel. 0511 / 32 12 88
www.restaurant-hiller.de

DIE EXPERTEN FÜR SPIELZEUG

Der Weiße-Kreuz-Platz hat sich in den vergangenen Jahren immer wieder gewandelt. War er früher Teil der offenen Heroinszene in der Stadt, treffen sich hier inzwischen die Mütter aus der List. Der Spielzeugladen Fridolin's ist hier schon ewig heimisch und einer der besten in der Region.

Ein Stück der Berliner Mauer erinnert hier an die bewegende Geschichte Deutschlands. Früher wollten Eltern ihre Kinder auf dem Weiße-Kreuz-Platz nicht spielen lassen, weil hier Heroinabhängige ihrer Sucht nachgingen. Doch inzwischen hat sich das Image dieses Platzes am Anfang der beliebten Lister Meile geändert. In den Cafés treffen sich die Kreativen und Schicken aus der Oststadt und der List zum Kaffee oder Cocktail – und auch der Platz wird immer häufiger zum Picknicken oder für politische Aktionen genutzt. Man könnte sagen, die Gentrifizierung hier ist abgeschlossen.

Doch ein paar Sachen haben sich in den vergangenen Jahrzehnten nicht geändert, und das ist gut so: Denn fast am Anfang der Lister Meile steht seit 1980 einer der schönsten Spielzeugläden der Stadt: das Fridolin's. Bereits bevor man das Geschäft betreten hat, ist man ein Stück verzaubert. Der Spielzeugladen hat vor der Tür aufwendig allerlei Klimbim platziert. Seien es Windspiele oder eine Auswahl von komischen Postkarten – der Laden fällt auf. Drinnen erwartet Besucher dann ein Paradies des pädagogisch wertvollen Spielens sowie eine riesige Auswahl an Gummitierchen, Drachen und allerlei Holzspielzeug. Besonders die Auswahl an Baukästen und Erlebnisspielen sucht in Hannover ihresgleichen. Hier finden Sie das passende Geschenk zum Kindergeburtstag, aber auch erwachsene Spieler kommen hier auf ihre Kosten.

Früher wurde das Angebot von vielen als »zu öko« verlacht, inzwischen hat das Geschäft mit seinem vielseitigen Angebot aber eine Nische besetzt, die abseits der großen Spielzeugsupermärkte immer mehr Menschen begeistert und erfreut.

Fridolin's · Mo–Fr 10–19, Sa 10–16 Uhr · Lister Meile 21 · 30161 Hannover
Tel. 0511 / 31 23 56 · www.fridolins-spielzeug.de

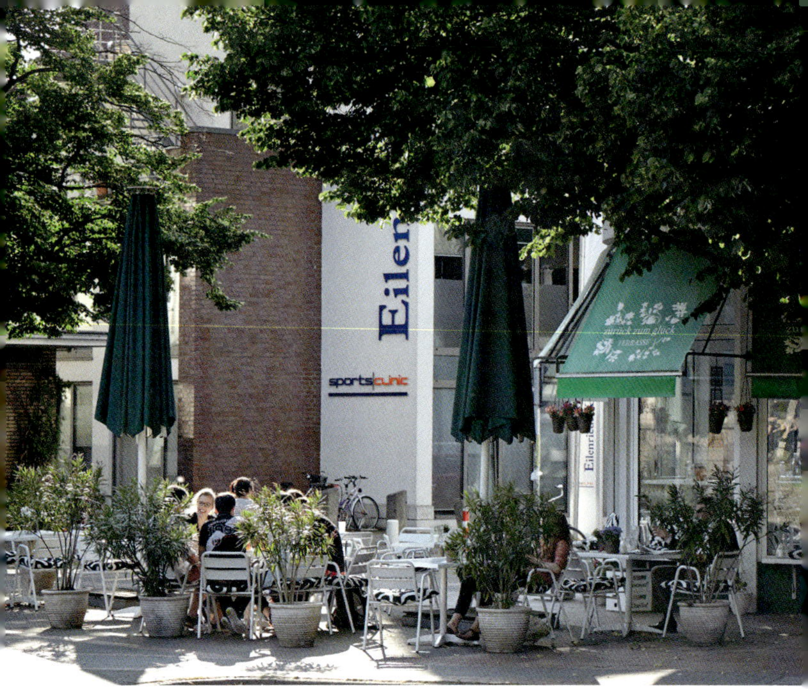
sports|clinic

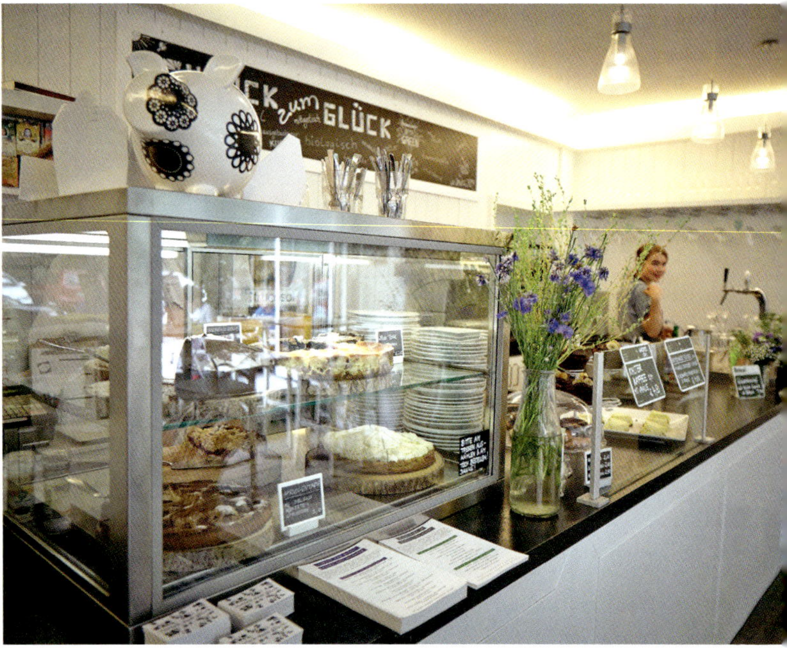
zum GLÜCK

ISS DICH GLÜCKLICH

Mit viel Liebe für gutes Essen betreiben die Geschwister Julia und Sonja Faber ihr Restaurant Zurück zum Glück. Hier kann man toll frühstücken, lecker Kuchen essen, und auch der Mittagstisch lohnt sich. Wer nur einen Snack braucht, findet in ihrem kleinen Bistro ein paar Meter weiter genau das Richtige.

Zwischen List und Zooviertel pulsiert das Leben einer eigenen Welt. Die Hochschule für Musik, Theater und Medien Hannover am Emmichplatz ist für die Kreativen und Musischen in der Stadt das Zentrum. Doch auch die Künstler können nicht allein von ihrer Leidenschaft leben. Gut, dass sie gleich zwei Möglichkeiten in direkter Nähe haben, sich zu stärken: das Restaurant und das Bistro Zurück zum Glück.

Wenn es warm wird in Hannover, treffen sich hier die zahlreichen Musikstudenten auf einen Kaffee. Der kleine Pavillon vom Zurück zum Glück gegenüber der Musikhochschule zieht die Künstler und Kreativen, aber auch die Familien aus dem Stadtteil an. Das Angebot reicht dabei von klassischen Kaffeespezialitäten bis hin zu ausgefallenen Limonaden. Dazu gibt es kleine Imbisse – Getränke und Essen sind bio. Die Bedienung ist schnell und freundlich.

Doch den beiden Betreiberinnen, den Schwestern Julia und Sonja Faber, reicht es nicht zu zeigen, dass auch Fast Food lecker und bio sein kann. Wer aufwendiger essen mag, der geht in das gleichnamige Stammrestaurant der studierten Ernährungswissenschaftlerinnen in die Hindenburgstraße, keine fünf Minuten zu Fuß entfernt. Dort finden sich neben einer großen Frühstücksauswahl ein leckerer Mittagstisch und auch zahlreiche Spezialitäten, von Schupfnudeln über leckere Salate und Suppen bis zu aufwendigen Tagesgerichten. Alles wird frisch zubereitet, ist ebenfalls bio, und die Servicekräfte sind liebevoll und engagiert. Am Wochenende empfiehlt es sich, vor einem Besuch unbedingt einen Tisch zu reservieren, denn es kann hier schnell voll werden.

Zurück zum Glück · Mo–Do 9–21, Fr–Sa 9–18, So 10–18 Uhr · Hindenburgstraße 7
30175 Hannover · Tel. 0511 / 89 97 88 80 · www.zurueckzumglueck.de

09 DES KRÜMELMONSTERS KLEINE SCHWÄCHE

Schnöckern, so nennen alteingesessene Hannoveraner das Naschen leckerer Kekse. Doch nicht nur für Naschkatzen ist das Stammhaus von Bahlsen interessant: Auch architektonisch ist es ein Hingucker. Und der goldene Keks hat durch einen Studentenstreich internationalen Ruhm erlangt.

Da hängt er wieder, der goldene Keks. Hoch oben über der viel befahrenen Podbielskistraße hat die Gebäckfirma Bahlsen ihr Wappen mit dem weltweit bekannten Leibnizkeks wieder aufgehängt. Dabei sah es lange so aus, als würde der Rahmen für immer leer bleiben. Schließlich hatte Anfang 2013 ein ganz fieser Dieb den Keks geklaut: das Krümelmonster.

Im Bahlsen-Haus gibt es einen Lagerverkauf des Unternehmens. Dort gibt es die Kekse zu günstigeren Preisen als im Supermarkt.

Was klingt wie eine urbane Legende ist eine der skurrilen Geschichten Hannovers. Eines Nachts verschwand der goldene Keks an dem Stammhaus. Es dauerte viele Tage, ohne dass der Verlust überhaupt jemandem auffiel. Im Januar setzte dann Bahlsen eine Belohnung von 1000 Euro für die Ergreifung der Täter aus. Die Diebe schickten aber kurz darauf einen Erpresserbrief an die Lokalzeitungen und die Polizei, räubertypisch mit ausgeschnittenen Zeitungsbuchstaben und einer sehr ungewöhnlichen Forderung.

Bahlsen solle die Belohnung von 1000 Euro an ein Tierheim spenden und alle Stationen des Kinderkrankenhauses in Hannover-Bult mit Leibnizkeksen versorgen. »Aber die mit Schoko«, schrieb der Erpresser, der auf dem Foto aussah wie das Krümelmonster aus der Sesamstraße.

Bahlsen verlangte daraufhin die Rückgabe des berühmten Wappens. Gleichzeitig kündigte das Unternehmen aber an, 52 000 Kekspackungen an 52 soziale Einrichtungen in Niedersachsen zu spenden, wenn sie ihren Keks zurückbekämen. Das Krümelmonster hielt Wort, und eines Tages hing der Keks tatsächlich am Hals der Pferdestatue vor dem Hauptgebäude der Leibniz-Universität.

Bahlsen-Haus · Podbielskistraße 11 · 30163 Hannover · www.bahlsen.de

10 FRANZÖSISCHES BISTRO-FEELING

Ausgefallene französische Leckereien, überraschende Menüs mit großer Detailliebe, leckere Kuchen und ein klassisches Ambiente: Das Café Restaurant Emma in Langenhagen bietet gute Küche im aufwendig renovierten alten Bahnhof – nur 15 Minuten mit der S-Bahn vom Hauptbahnhof entfernt.

Rund hundert Jahre nach seiner Fertigstellung scheint der S-Bahnhof Langenhagen Pferdemarkt seine wirkliche Bestimmung gefunden zu haben: In dem aufwendig und liebevoll renovierten Gebäude residieren seit 2016 Hannovers Experten für französische Lebensart: Koch Ingo Welt und seine Frau Anja Debou haben mit ihrer persönlichen Mischung aus bodenständiger, aber raffinierter Bistro-Küche, aufwendigen Menü-Events und leckeren Kuchen und Torten ein kulinarisches Kleinod in der Vorstadt geschaffen.

Welt und Debou gelten seit vielen Jahren als feste Größe unter den hannoverschen Liebhabern der französischen Küche: Sie stehen für authentische Gerichte zwischen französischen Klassikern, saisonalen Kleinigkeiten und einer guten Auswahl an Weinen und Spirituosen. Besonders empfehlenswert im Emma ist die Vorspeisenauswahl: Neben Klassikern wie Hummus oder Linsensalat finden Sie dort auch ausgefallenere Variationen von Fisch, Fleisch oder Gemüse.

Dass Koch Ingo Welt aber nicht nur pikante Küche drauf hat, beweist er mit seinen Kuchen, Torten und nicht zuletzt mit den Nachspeisen: Besonders die Variationen von Schokolade sind ein Genuss: Schokolade in drei Stärken trifft auf exotische und sanfte Fruchtaromen.

Wer die rund 15-minütige Fahrt vom Hauptbahnhof in die Vorstadt nicht scheut, findet im Café Restaurant Emma alles für eine tolle Kaffee- und Kuchenzeit oder einen gelungenen Abend. Die ehemalige Bahnhofsempfangshalle eignet sich darüber hinaus super für Feste.

Café Restaurant Emma · Bahnhofsplatz 9 · 30853 Langenhagen · Tel. 0511 / 80 09 11 84
www.emma-cafe-restaurant.de · direkt im S-Bahnhof Langenhagen Pferdemarkt

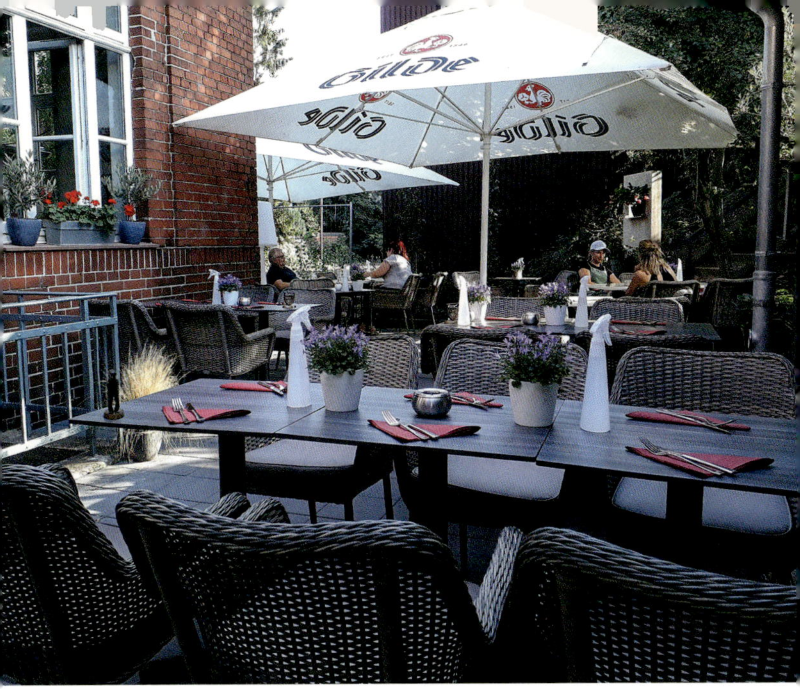

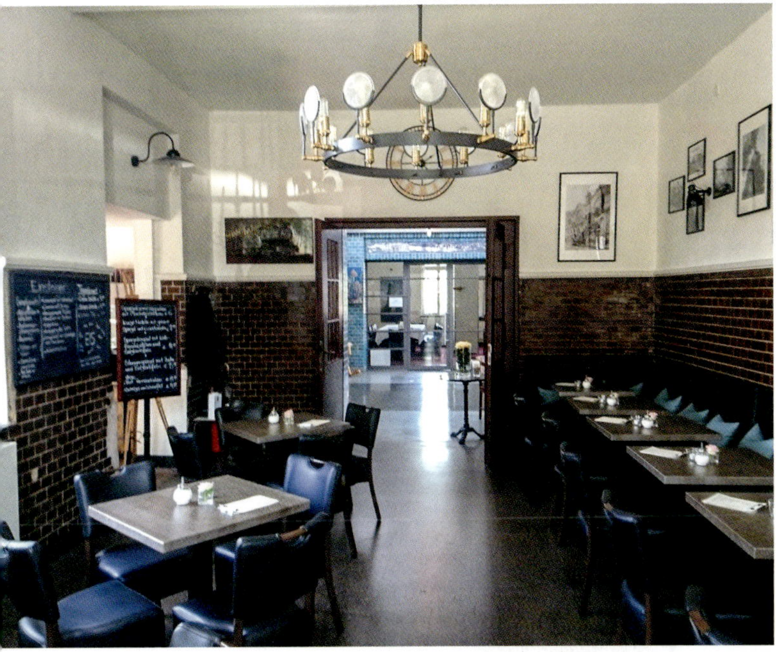

DIE HEIMAT DER KANZLERPLATTE

11

Knüppel und Geröll, Schimanski-Teller oder eben Kanzlerplatte – es gibt viele Bezeichnungen für eines der beliebtesten Essen der Deutschen: Currywurst mit Pommes. Doch nirgendwo gibt es das Gericht in Hannover so traditionell wie in der alten Kneipe Plümecke. Das wusste auch schon so mancher Prominente zu schätzen.

»Einmal Kanzlerplatte, bitte.« In Hannovers Kneipen ist das eine übliche Bestellung. Denn auch wenn Gerhard Schröder schon seit 2005 nicht mehr Deutschlands oberster Politiker ist, seine Vorliebe für deftige Speisen ist bekannt. Dass der ehemalige Kanzler in einer seiner Ehen mit einer Vegetarierin verheiratet war, ist längst gegessen. Denn er gab einem der absoluten Lieblingsgerichte der Deutschen seinen Namen, zumindest in Hannover: Currywurst mit Pommes.

Dass die Currywurst zwar nicht in Hannover erfunden wurde, man sie in der Stadt aber an vielen Orten lecker essen kann, ist Konsens. Aber an der Frage, wo genau es in Hannover die beste Wurst gibt, daran soll schon so manche Freundschaft zerbrochen sein. Dabei wirkt die Diskussion über einen länglichen Fleischlappen mit frittierten Kartoffeln für Uneingeweihte sicherlich eher lächerlich. Doch viele Alteingesessene kommen bei der Diskussion irgendwann auf das Traditionslokal Plümecke in der List.

Von außen wirkt die Kneipe auf Ästheten und Freunde der sogenannten Neuen Deutschen Küche sicherlich ein wenig abstoßend, doch das Plümecke gilt seit Jahrzehnten als einer der besten Orte in Hannover, um deftige Hausmannskost zu soliden Preisen zu bekommen. Die Einrichtung ist hier traditionell, das Bier frisch vom Fass, und gerne verfängt man sich am Tresen einmal in aufregende Diskussionen über Fußball, die Nachrichten oder eben Politik. Dass Schröder selbst hier während seiner Zeit im Landtag ein und aus gegangen ist, das erzählt man sich immer noch.

Was bleibt: Wer gerade keine Lust auf Sushi oder Salat hat, der findet im Plümecke eine scheinbar untergegangene Welt. Hier können Sie das alte Westdeutschland einatmen. Nur der Geruch von filterlosen Zigaretten fehlt.

Plümecke · Mo–Fr 17–24 Uhr · Voßstraße 39 · 30161 Hannover · Tel. 0511/66 09 69

12 FERNÖSTLICHER SCHMELZTIEGEL DER GENÜSSE

Im Alltag der südkoreanischen Großstädte finden Sie Street-Food-Imbisse klassisch an Wegrändern oder in der Nähe von Bahnhöfen. Die Familie Choi hat dieses Prinzip erweitert und bietet in ihrem Restaurant Chois seit 2008 die spannende vielseitige, aromatische Küche Koreas mitten in Hannover an.

Von den Plätzen im ersten Stock direkt an der Lister Meile lässt sich das Treiben auf der Straße beobachten, während auf dem Korean Barbecue Grill oder im Hot Pot Fleisch und Gemüse brutzeln. Die Eintopfsuppe wird gemeinsam am Tisch befüllt, ein bisschen wie beim Fondue. Neben Rind und Schwein gibt es auch einen rein vegetarischen Pot.

Chois · Lister Meile 61 · 30161 Hannover · Tel. 0511/31332 · www.restaurant-chois.de

13 DIE KLEIDUNG MIT DEM GUTEN GEWISSEN

Ästhetisch, hochwertig und nachhaltig – das Bekleidungssyndikat verkauft nur fair gehandelte und vegane Kleidung, die gleichzeitig aber toll aussieht. Einmal in der Woche bietet der Versand einen Fabrikverkauf in den Räumen des Unabhängigen Jugendzentrums in der Kornstraße an.

Herkunft und Produktionsbedingungen der Hosen, Hemden, Pullis, Schuhe und Unterwäsche werden von dem Team streng kontrolliert: Alles muss fair gehandelt sein, die Stoffe müssen aus biologischem Anbau stammen, und kein Tier darf bei der Verarbeitung zu Schaden gekommen sein. Ein hoher Anspruch, der hier seit Jahren eingehalten wird.

Bekleidungssyndikat · Mi 16–19 Uhr · Kornstraße 32 · 30167 Hannover
www.bekleidungssyndikat.de

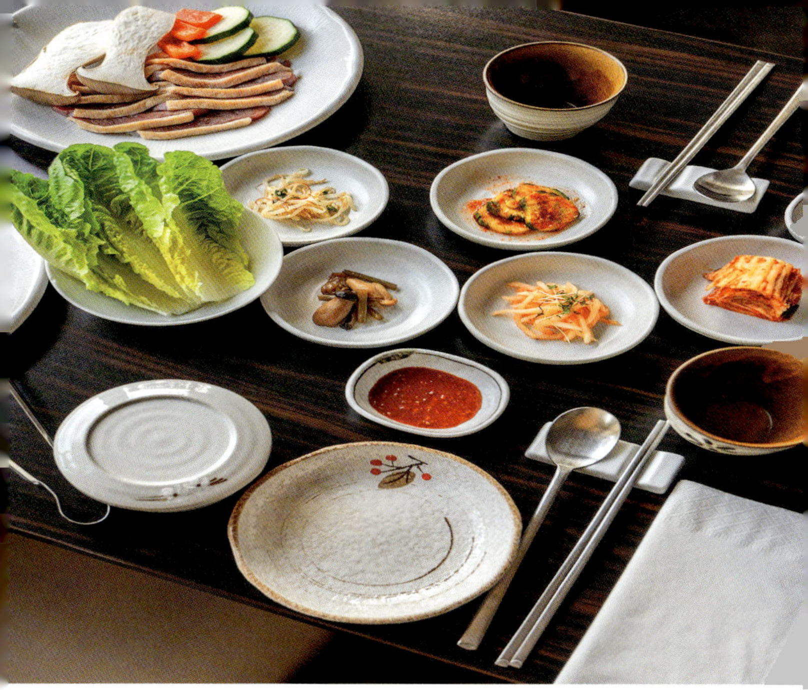

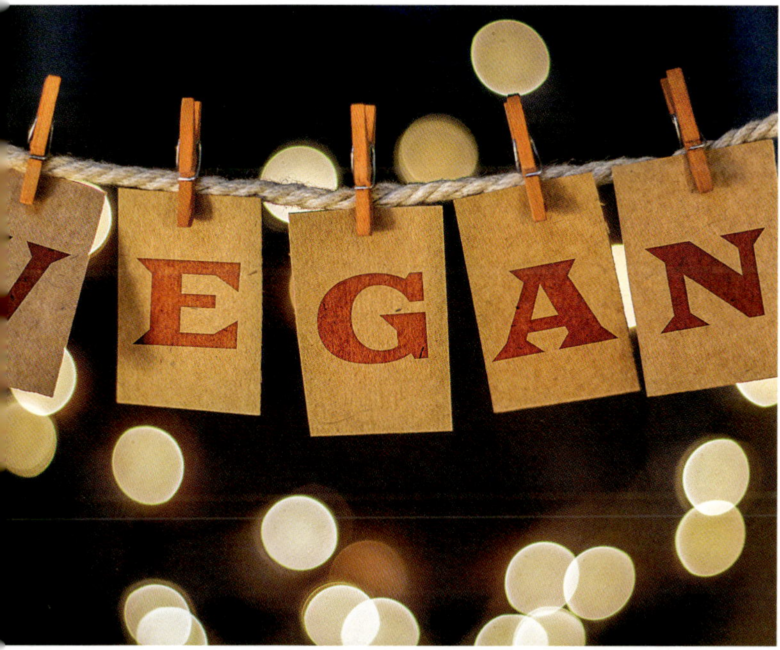
VEGAN

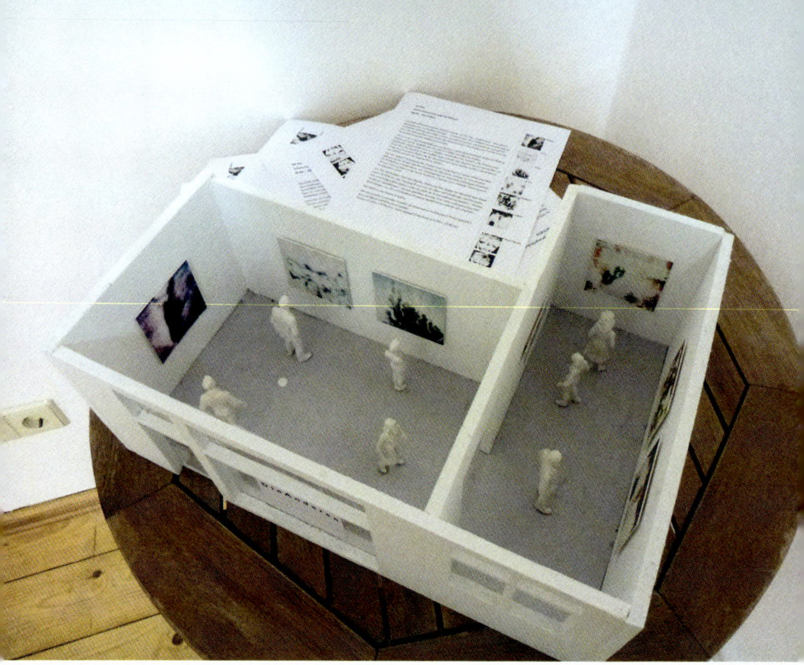

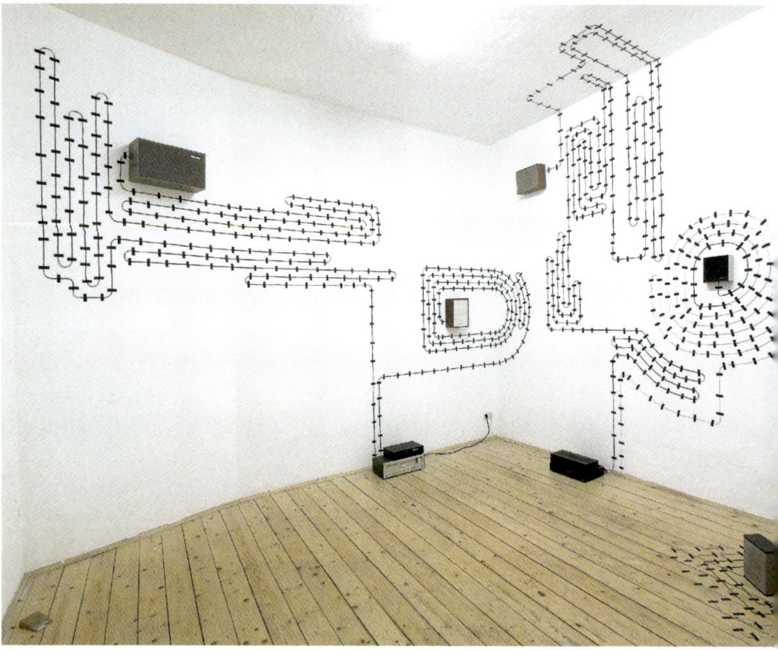

KUNST, SO WILD
WIE DAS LEBEN

Wilde Performances, provokante Konzerte und elegante Ausstellungen – die Galerie bei Koc zeigt, wie lebendig die Kunstszene Hannovers sein kann. Die Künstler, die Betreiber Cem Koc für die Ausstellungen sucht, kommen dabei aus der ganzen Welt, um in der Nordstadt ihre Visionen vom Leben zu zeigen.

Die Nachbarn sind ja einiges gewöhnt hier in der Nordstadt. Um die Ecke hängen im Sommer immer die Punks rum, rund um die Lutherkirche versammeln sich die Jungen und Wilden zum Feierabendbier, und wenn im Oktober die neuen Studenten kommen, wirkt der Stadtteil manchmal wie eine Partymeile. Also zucken die meisten Passanten nur mit den Schultern, wenn in der Galerie bei Koc wieder einmal eine Performance oder ein Konzert aufgeführt wird. Oder sie bleiben gebannt stehen, schauen durch das große Fenster oder gehen einfach rein in den kleinen Ausstellungsraum.

Die Off-Galerie zwischen Engelbosteler Damm und Universität hat sich innerhalb kürzester Zeit zum Treffpunkt der alternativen Kunstszene in Hannover entwickelt. Ausstellungen mit Künstlern aus Israel, Frankreich oder den USA treffen hier auf Konzerte von Musikern aus dem Punk- oder Noise-Bereich. Dem Betreiber Cem Koc ist die Nähe zur Musik genauso wichtig wie eine Haltung in der Auswahl der Ausstellungen, die er nahezu alleine bewältigt. Hier wird Kunst gelebt und nicht präsentiert wie in einem Hochglanzmagazin. Dazu gehören dann auch lange Partys nach Vernissagen.

Bei Koc treffen sich Musiker, Künstler und Designer, um sich die wechselnden Ausstellungen anzuschauen oder einfach gemeinsam das nächste große Projekt zu planen. Schon einige Bands wurden hier gegründet und manche Idee ausgebrütet. Es ist eine Galerie genau wie der Stadtteil: kreativ, jung, spontan und vor allem laut und lebendig. Dafür kommen sogar die Lindener in die sonst von ihnen verhasste Nordstadt. Und die Nachbarn drücken gerne ein Auge zu, schließlich wissen sie ja das Bunte in ihrem Stadtteil zu schätzen.

Bei Koc · Mo–Fr 17–20 Uhr · Hahnenstraße 8 · 30167 Hannover
Tel. 0172/4 01 30 22 · www.cemkoc.de

15 DIE NEUEN KLEIDER DER NORDSTADT

Was trägt Hannover? Neben den üblichen Geschäften in der Innenstadt, die man überall findet, gibt es in Hannover zahlreiche kleine Boutiquen und Läden, die den Look der Stadt mit prägen. Das Designkombinat in der Nordstadt steht dabei mit seiner Auswahl für trendige Mode und altbewährte Klassiker.

Berlin hat seine Hipster, in Leipzig gibt es den Secondhand-Chic, und in Hamburg tragen die jungen Kreativen ihre Kleidung gerne hanseatisch streng. Doch welchen Look hat eigentlich Hannover?

Um das herauszufinden, brauchen Sie nur einen Abend auf die Limmer Straße, den Lindener Markt oder eben auf den Engelbosteler Damm zu gehen: Denn das sind die Orte, an denen man sich präsentiert. Wenn man dabei die Menschen beim Schaulaufen beobachtet, bekommt man das Gefühl, dass viele der Vorbeigehenden ihre Kleidung im Designkombinat in der Nordstadt gekauft haben.

Im Designkombinat gibt es neben toller Mode auch immer die neuesten Flyer für die besten Partys in der Stadt. Und die Mitarbeiter haben einen sehr guten Überblick über die Szene.

Ob es die gut geschnittenen Polohemden britischer Designer sind, luftig-verspielte Kleider oder die eng anliegenden Jeans – in dem Bekleidungsladen findet sich die passende Bekleidung für Hipster, aber auch für diejenigen, die zwar durchaus seriös, aber dennoch auf keinen Fall langweilig rüberkommen möchten.

Die Auswahl der Marken orientiert sich dabei einerseits an Klassikern wie Fred Perry oder Acne, andererseits kommen hier immer wieder Stücke von unbekannteren Designern auf die Haken. Die Betreiber des Ladens in der Nordstadt beweisen mit ihrer Auswahl, dass sie einen guten Überblick haben. Und sie helfen immer gerne mit einer kompetenten Beratung. Hier lohnt es sich, vor einem Date noch einmal schnell nach einem neuen Lieblingsstück zu schauen.

Designkombinat · Mo–Fr 11–19, Sa 11–16 Uhr · Paulusstraße 1, 31067 Hannover
www.design-kombinat.com

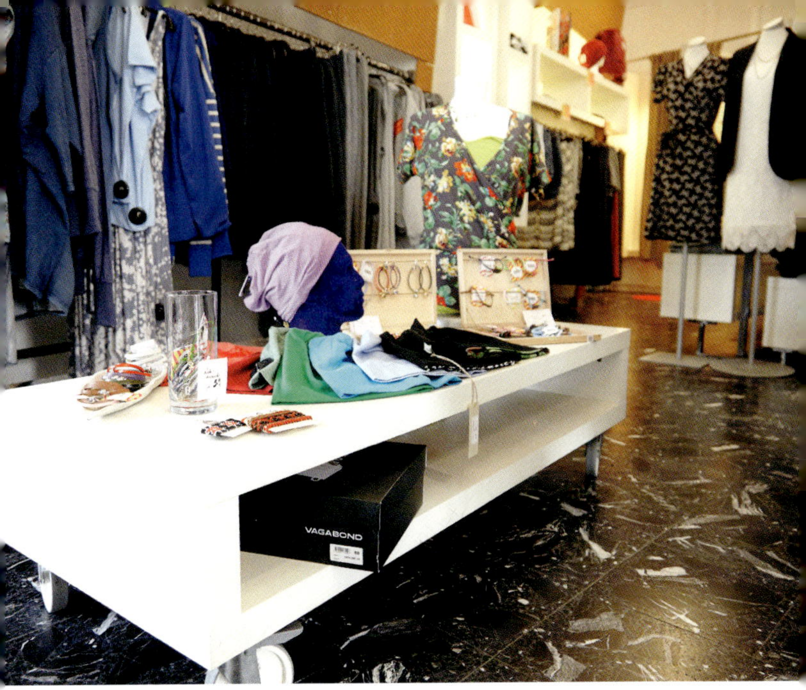
VAGABOND

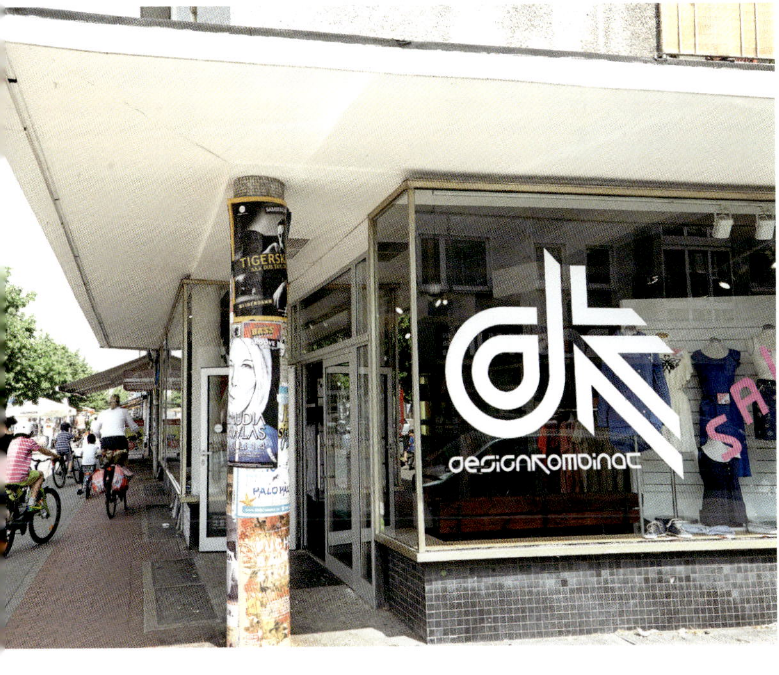
designkombinat

DER KIOSKONKEL

Brause, Bier und Bubblegum – bei Onkel Ollis Kiosk an der Lutherkirche gibt es nicht nur tolle Biersorten und vegane Süßigkeiten: Der
Besitzer gibt einem immer auch einen humorvollen Lebenstipp mit
auf den Weg. Das Geschäft ist so zu einem informellen Treffpunkt der
Nordstadt geworden. Hier wird »geluthert«.

»Linden hat ›Limmern‹, die Nordstadt hat ›Luthern‹«, erzählt Onkel Olli
im Hinblick auf die nahe Lutherkirche, die dem Abhängen hier ihren Namen
gegeben hat. Der Kioskbetreiber, der eigentlich Marc-Oliver Schrank heißt,
kann sich auf die Fahne schreiben, dass er seine Nordstadt seit der Öffnung
des Ladens ein wenig aufgefrischt hat. Unzählige
Biersorten, zahlreiche Limonaden und allerhand
Knabberkram stapeln sich in seinem Laden um
die Ecke der Lutherkirche. Besonders die veganen
Süßigkeiten sind im Stadtteil beliebt. Wo gibt es
denn schon eine bunte Tüte ohne Gelatine?

> Direkt neben dem
> Kiosk hängt ein Auto-
> mat, aus dem Sie sich
> für kleines Geld Kunst-
> werke kaufen können.
> Ideal als spontanes
> Geschenk auf dem Weg
> zur Geburtstagsparty.

Doch neben dem großen Sortiment besuchen
die Kunden Onkel Olli auch wegen seines Humors.
Der Lebenskünstler kann nicht nur spannende Ge-
schichten aus dem Stadtgeschehen oder der Politik erzählen. Er lebt seine
Leidenschaft auch voll aus. In Niedersachsen gehört er mit zu den treibenden
Kräften der Satirepartei »Die Partei« aus dem Umfeld des Titanic-Magazins.

Und Onkel Olli ist ein Bastler und Erfinder: Gemeinsam mit Freunden hat
er einen Cocktailautomaten gebaut, der auf zahlreichen Partys zum Einsatz
kommt. Ein Druck auf einen Knopf und schon mischt die Maschine den Cocktail nach Wahl. »Wir haben aber auch einen Zufallsknopf angebracht, damit
sich die Gäste überraschen lassen.« Das könnte auch das Motto für den Kiosk
sein. Denn der Zufall bringt hier die unterschiedlichsten Leute zusammen, die
dann gemeinsam bei Bier oder Brause vor dem Laden stehen und sich das
Neueste aus dem Stadtteil erzählen.

Onkel Ollis Kiosk · Mo–So 13–24 Uhr · An der Lutherkirche 10 · 30167 Hannover
www.onkelollis.de

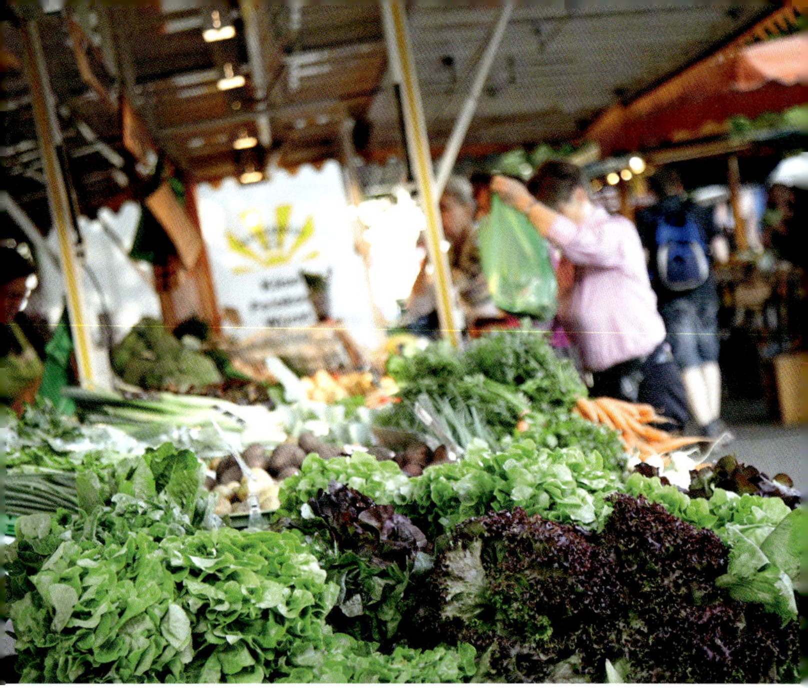

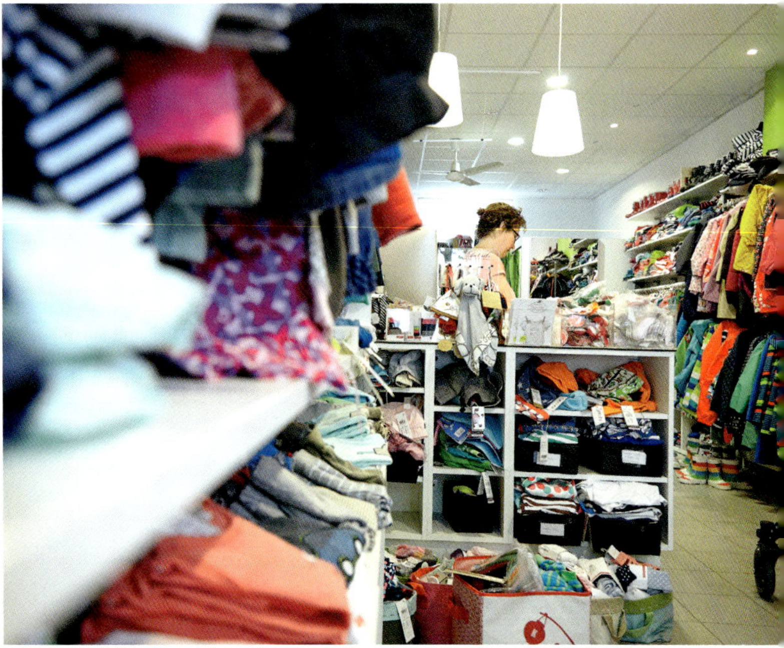

WO DIE SÜDSTADT EINKAUFT

Den Bauernmarkt auf dem Südstädter Stephansplatz gibt es schon fast 100 Jahre. Er gilt unter den hannoverschen Wochenmärkten als Geheimtipp. Und er zeigt den Charakter dieses Stadtteils, der auf den ersten Blick vielleicht ein wenig bieder und abweisend wirkt, doch in Wahrheit ein liebenswürdiges Viertel ist. Bis zu 85 Stände verkaufen hier von Fleisch über Fisch bis zu Gemüse, Obst, Blumen und Delikatessen alles, was Feinschmecker schätzen. Dabei bieten auch zahlreiche Biobauern aus der Region ihr Sortiment an. Die Atmosphäre ist bodenständig und nachbarschaftlich, man trifft über Jahre die gleichen Bauern. 2019 feierte der Wochenmarkt sein 100-jähriges Bestehen. Und dass der Markt noch viele Jahre ein wichtiger Teil der Essenskultur der Südstadt bleiben wird, das merkt man bereits nach wenigen Minuten.

Bauernmarkt auf dem Stephansplatz · Fr 8–13 Uhr · Stephansplatz · 30177 Hannover

FÜR MAMA UND KIND

Schade, dass es die Hosen und Pullis nicht auch in Erwachsenengrößen gibt: Bei »Mini und Ma« in der Sedanstraße finden Eltern eine riesige Auswahl von niedlicher Babykleidung, praktischer Umstandsmode und pädagogisch wertvollem Spielzeug. Der Fokus liegt dabei vor allem auf kleinen Labels, die hochwertige Kleidung herstellen. Das kleine, besitzergeführte Geschäft ist dafür eine der besten Adressen in Hannover. Seit der Eröffnung 2007 kümmert sich Chefin Kerstin Nachtsheim immer noch selbst um die Bestellungen. Neben dem kleinen Laden in der List gibt es inzwischen auch eine Filiale im Zentrum Hannovers, in der Joachimstraße. Dort gibt es noch mehr Auswahl. Intimer ist es jedoch eindeutig in der List.

Mini und Ma · Mo–Fr 10–18, Sa 10–16 Uhr · Sedanstraße 37 · 30161 Hannover
Tel. 0511 / 22 08 55 00 · www.miniundma.de

19

AUS LIEBE ZUM KÄSE

Käse Schaub in der Südstadt ist eines der letzten Molkereifach-geschäfte in Hannover. Die fachkundigen Besitzer erfreuen ihre Kun-den mit einer leckeren Auswahl und toller Beratung. Dafür kommen Feinschmecker aus der ganzen Region auch gerne in den Laden und lassen sich immer wieder überraschen von der Vielfalt.

Gourmets kennen das Problem: Man hat auf dem Einkaufszettel nur ein paar Dinge stehen, die man wirklich braucht, und dann steht man im Fach-geschäft und kann sich an der Auswahl gar nicht sattsehen. So geht es Be-suchern von Käse Schaub in der Hildesheimer Straße. Hier gibt es Hunderte Sorten Käse – aus Kuh- oder Ziegenmilch. Dazu eine Auswahl erlesener Weine, die direkt von französischen Winzern geliefert werden, außerdem Brotspezialitäten, französisches Gebäck, Schoko-lade, feine Senfsorten und Pasteten.

Im Laden kann man Geräte für Fondue oder Raclette mieten oder Feinschmecker-seminare buchen.

Das Molkereifachgeschäft ist eines der Letz-ten seiner Art in Hannover. Seit 1920 gibt es den Laden. Die aktuellen Besitzer, das Ehepaar Müller, beraten freundlich und kompetent und nehmen sich immer Zeit, ihren Kunden die leckere Welt des Käses näherzubringen. Bei den vielen unterschiedlichen Sorten ist das auch notwendig. Schließlich ist es gar nicht so einfach, bei der Auswahl durchzusteigen. Denn wie vielseitig die verschiedenen Aromen sein können, merken viele erst, nachdem sie es selbst ausprobiert haben.

Diese Liebe und Sorgfalt gegenüber ihren Produkten hat dem Ehepaar auch einen Eintrag bei Slow Food Deutschland eingebracht, die Käse Schaub als einen der besten Läden seiner Art in der Region empfehlen. Menschen, die sich für Käse interessieren, sollten sich einfach Zeit nehmen für eine Be-ratung und gemeinsam mit den Besitzern eine Platte zusammenstellen. Dazu können Sie dann gleich die passenden Weine und auch Senf und Konfitüren mitnehmen. Ein Genuss!

Käse Schaub · Mo–Mi 10–18, Do–Fr 9–18, Sa 9–13 Uhr · Hildesheimer Straße 31
30169 Hannover · Tel. 0511 / 85 59 04

Die kommt
immer gut an.
Wir erstellen Ihre
individuelle Käsepla...

Reifungskäfig
für Ziegenkäse

DAS PUSCHEL-FACHGESCHÄFT

Weil sie keine hübsche Hochzeitsdekoration gefunden haben, gründeten Irka Fürle und ihr Mann vor einigen Jahren eine ungewöhnliche Manufaktur: Die beiden stellen Pompons her, wie man sie sonst nur aus Hollywood-Filmen kennt. Der Erfolg zeigt: Sie haben mit den besonderen Accessoires eine Nische gefunden.

Die Hochzeitsdekoration zu finden kann einige Paar an den Rand der Verzweiflung bringen. Entweder sind die Accessoires zu kitschig, zu teuer oder passen einfach nicht zum Geschmack der Brautleute. Auch Irka Fürle und ihr Mann mussten bei der Planung ihrer Hochzeit feststellen, dass es auf dem Markt nichts Passendes für sie gab. Also warum nicht einfach selbst die Gestaltung machen? Über einen Basteltipp stieß Fürle auf Pompons, das sind die fluffigen Puschel, die auch US-amerikanische Cheerleader hin- und herwedeln. Und sie sind aus Fürles Sicht die perfekte Dekoration: Einfach in der Herstellung, individuell in der Farbgebung und leicht zusammensetzbar.

Für ihre Hochzeit stellten die beiden die ersten Exemplare aus feinem Seidenpapier her und wurden von den Gästen daraufhin überhäuft mit der Frage, wo sie diese Dekoration denn her hätten. So etwas hatten sie noch nie gesehen. Ein paar Exemplare blieben übrig, die sie auf einer Internetseite für Kunsthandwerk anboten, und innerhalb kürzester Zeit kamen immer mehr Bestellungen.

Anfangs nutzte das Ehepaar das Hobby, Pompons herzustellen, am Wochenende als Ausgleich zum eher kopflastigen Job, doch die Nachfrage wurde immer größer. Irgendwann entschlossen sich die beiden, ihr Hobby zum Beruf zu machen. In dem kleinen Showroom in der List bietet das Paar seitdem zahlreiche Pompons für alle möglichen Anlässe an. Ob Hochzeiten, Geburt, Geburtstage oder Familienfeiern, die Gestaltungen sind sehr hochwertig und liebevoll, und die Käufer können die Pompons auch selbst zusammenbauen.

PomPom Manufaktur · Fr–Sa 10–18 Uhr · Edenstraße 48 · 30161 Hannover
www.pompomyourlife.de

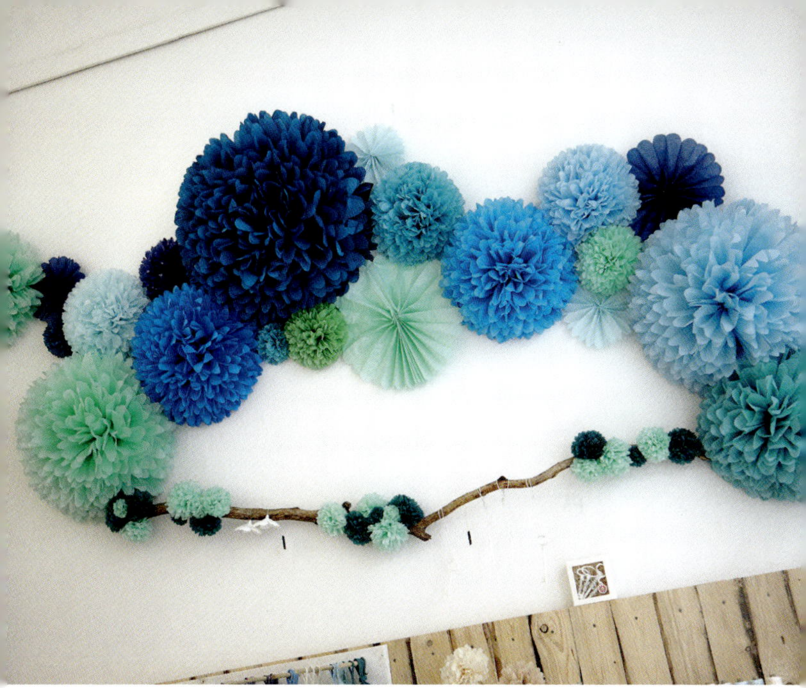

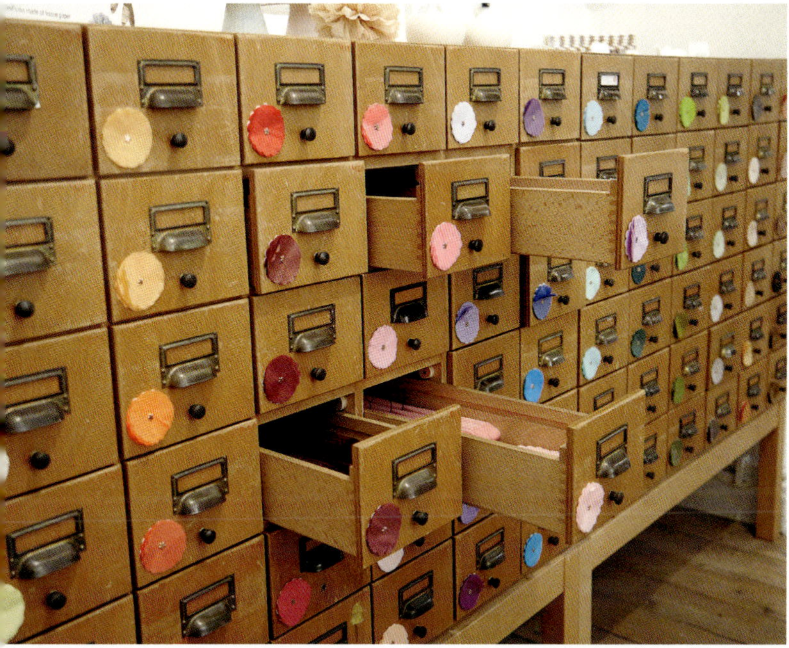

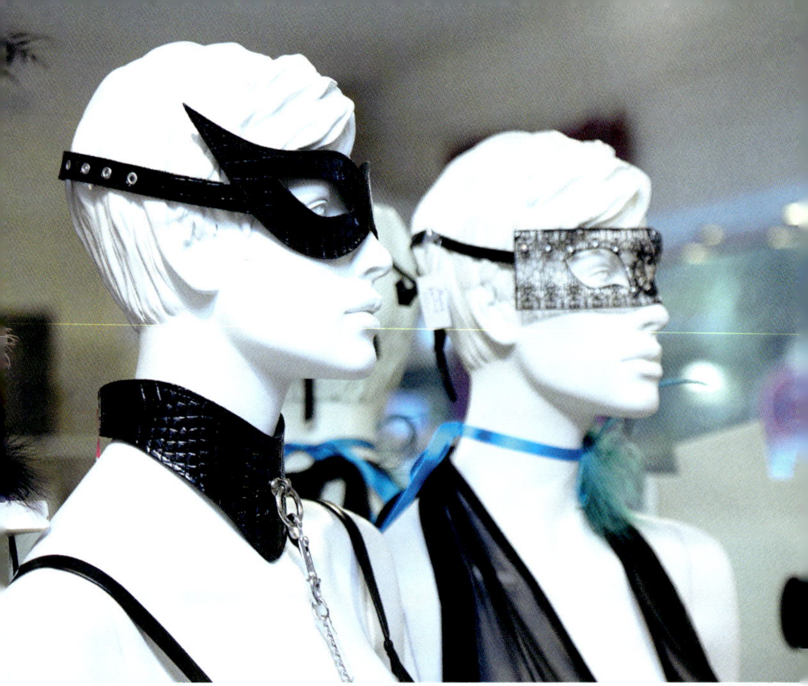

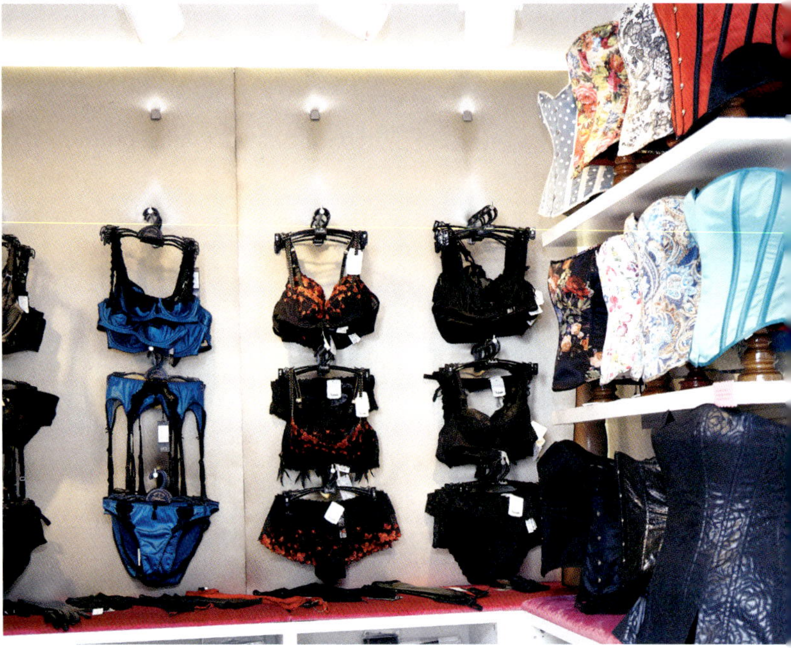

FÜR ALLE SINNE

Mit Sexspielzeugen, aufreizender Wäsche und Accessoires hat sich das Geschäft Liebhabereien als erste Adresse für Frauen etabliert. Die Betreiberin ist eine ausgebildete Sexualtherapeutin, der es wichtig ist, ihre Produkte abseits der Klischeevorstellungen anzubieten, damit die Kundinnen Spaß haben.

Auch heute erfährt man häufig noch Vorbehalte oder wird ausgelacht, wenn man erzählt, man schaue sich in Erotikgeschäften nach stimulierenden Accessoires um. Dabei sind die Zeiten längst vorbei, in denen solche Läden direkt mit der Rotlichtszene in Verbindung gebracht wurden. Das ist auch der Verdienst von Geschäften wie dem Liebhabereien in der Altstadt.

Es wirkt wie ein Spielzeugladen für erwachsene Frauen. Das Sortiment der Liebhabereien lädt sofort ein zum Kopfkino. Verspielte Dessous, anregende Bücher, eindeutige Korsette und praktisches Sexspielzeug – hier finden Menschen mit einem entspannten Verhältnis zu ihrer Sexualität ein großes Angebot.

Dabei schafft es das Team, dass hier nichts anrüchig oder schmutzig wirkt, sondern immer ästhetisch, verspielt und stets mit einem kleinen Augenzwinkern. »Wir wollten den Laden von Anfang an so gestalten, dass er hell, positiv, sinnlich und ästhetisch wirkt«, erzählt Gründerin Gundula Schildbauer. Die Idee kam ihr 2001. Damals merkte sie durch Gespräche und Besuche in einer Frauengruppe, dass so ein Laden in Hannover fehlte. Ein Geschäft, in dem es nicht um die übliche schmuddelige und vor allem auf die Bedürfnisse von Männern ausgerichtete Pornografie geht, sondern in dem die Interessen der Frauen ernst genommen werden.

»Wir wollten immer, dass es vor allem Frauen gefällt, aber natürlich auch ihren Partnern.« Der Diplompädagogin mit Fortbildung in Sexualmedizin und -therapie war es von Anfang an auch wichtig, dass sich Menschen mit den unterschiedlichsten sexuellen Identitäten in dem Laden aufgehoben fühlen. Das ist ihr gelungen.

Liebhabereien · Mo–Fr 11–19, Sa 12–18 Uhr · Knochenhauerstraße 5
30159 Hannover · www.liebhabereien.com

22 BUNTES WOHNEN, BUNTES LEBEN

Besonders im Winter kann Hannover mit seinem grauen Himmel, dem Nieselregen und der nassen Kälte einem den Blues bescheren. Da helfen nur bunte Kleidung, bunte Möbel und bunte Accessoires. In den Läden von Riva finden Kunden genau solche farbenfrohen, leichtfüßigen und kreativen Kleidungsstücke und Wohnaccessoires.

Im Sommer ist Hannover ein Traum. Wenn es warm genug ist, spielt sich das Leben überwiegend draußen ab. Die Klubs und Bars bleiben leer, die Menschen holen sich ihr Bier am Kiosk und bevölkern die Plätze und die Ufer von Ihme, Leine und Maschsee.

Wenn dann das bunte Laub des Herbstes auf dem Boden liegt und der kalte Wind aus dem Norden den Regen bringt, verschließt sich diese Stadt scheinbar wieder und wird zum Grantler.

Um dem Herbst- und Winter-Blues entgegenzuarbeiten, braucht man so viele Farben wie möglich. Wenn es nach dem Angebot von Riva geht, können Kleidung und Möbelstücke gar nicht bunt genug sein. Die angebotenen Teile in den beiden Läden in Linden strahlen eine Fröhlichkeit aus, die sich in geblümten Kleidern, bunten Karten und liebevollem Nippes widerspiegelt. Damit lässt sich noch jedes Grau erfolgreich vertreiben. Und im Frühling und Sommer sind die Kleidchen das passende Outfit für jede Grillparty oder ein Date im Grünen.

Das Angebot der beiden inhabergeführten Geschäfte ist dabei ein wenig unterschiedlich: Während der Laden auf der Limmerstraße vor allem Accessoires und Schmuck anbietet, findet man in den Räumen am Lindener Marktplatz vor allem Möbel, Geschirr, Besteck und Kleidung. Die Auswahl reicht von Kleidern über Ringe, Teller oder Becher bis hin zu Aufklebern oder Postkarten. Einen Besuch lohnt der Laden auch, wenn man in wenigen Stunden auf eine Party eingeladen ist oder etwas für die beste Freundin sucht. Vor allem Menschen, die noch das passende Gastgeschenk suchen, finden hier die besten Ideen.

Riva · Mo–Fr 10–19, Sa 10–15 · Lindener Marktplatz 9 · 30449 Hannover
Tel. 0511 / 30 02 36 03 · www.rivashop.de

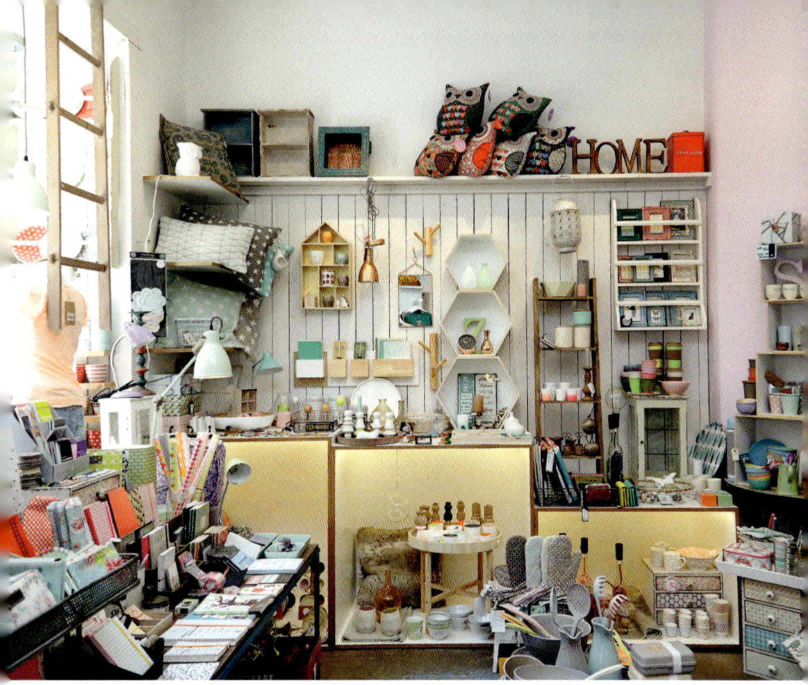
HOME

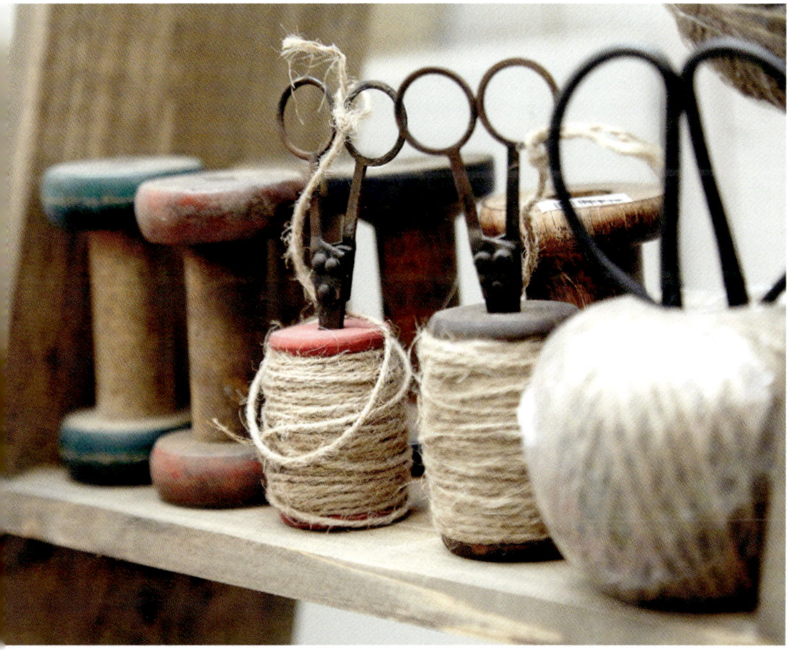

23 TÜRKISCH FÜR FEINSCHMECKER

Aromatisches Lammhackfleisch, gebackenes Gemüse, zarter Fisch – die Küche Anatoliens ist ein einziger Genuss. Im Tandure, im versteckten Hinterhof in Linden, findet sich ein Ort, der wie wenige sonst in Hannover die reichhaltige und traditionelle Kulinarik der Türkei gebührend ehrt und mit jedem Gericht feiert.

Wie zauberhaft bildlich die türkische Sprache ist, zeigt allein schon die Übersetzung des Gerichts »Imam bayıldı«: Der Imam fiel in Ohnmacht. Der Geschmack dieser gebackenen Aubergine hat schon so manchen Feinschmecker verzaubert, ob Imam oder Weltlichen.

Im Tandure an der Ihme ist diese Spezialität nur eine von zahlreichen Köstlichkeiten auf der Karte. Das Restaurant bietet traditionelle anatolische Küche an. Ob Fisch, Fleisch oder eben Gemüse – besonders die Gerichte aus

dem Lehmofen begeistern Hannover seit der Öffnung des Ladens 1988. Dazu gibt es zahlreiche türkische Rot- und Weißweine.

Freitags kommt regelmäßig eine Bauchtänzerin in das Restaurant und umwirbelt die Gäste in ihrer Show zur mitreißenden Musik. Auch das ist Teil der genussvollen anatolischen Kultur. Viele türkischstämmige Großfamilien reservieren gerade deshalb an diesem Tag einen Tisch nah am Gang, um der Tänzerin besser ein paar Scheine zuzustecken – eine typische Geste, um die Tanzkunst zu würdigen.

> Das Tandure ist im Sommer das ideale Ziel einer Radtour entlang der Ihme bis nach Linden. Der Park am gegenüberliegenden Ufer ist allein schon eine Reise wert.

Neben dem leckeren Essen und der urtümlichen Atmosphäre schafft es das Personal im Tandure immer, äußerst freundlich und sehr professionell zu sein. Hier wartet in der Regel niemand lange auf seine Bestellung. Besonders schön ist die Terrasse im Sommer, wenn wenige Meter weiter die Boote auf der Ihme schippern und die Sonne hinter den alten Bäumen auf dem Hinterhof untergeht. Besucher sollten am Wochenende unbedingt einen Tisch reservieren, es ist meist sehr voll.

Tandure · Mo–So 12–24 Uhr · Deisterstraße 14D · 30449 Hannover
Tel. 0511 / 45 36 70 · www.tandure.de

24 SUPER SACHEN, SUPER NETT

Entlang der Sallstraße in Hannovers Südstadt hat sich in den vergangenen Jahren einiges getan. Neben alteingesessener Gastronomie und Einzelhandel haben sich mehrere neue Läden etabliert und das Image des Quartiers stark verändert. Der Super Nice Shop ist eines der relativ neuen Etablissements, das die Lebensqualität im Umfeld verändert hat. Hier finden Design-Interessierte und Hygge-Fans viele schöne Dinge, um Küche, Wohn-, Bade- und Schlafzimmer praktisch, gemütlich, aber mit Stil auszustatten. Dazu gehören einige niederländische Designstücke, die neben hohen ästhetischen Ansprüchen auch das Gewissen beruhigen, da sie nachhaltig produziert und voll recyclebar sind. Neben Möbeln, Accessoires und Küchenhelfern gibt es auch eine tolle Fashion-Auswahl mit Labels aus Dänemark und den Niederlanden.

Super Nice Shop · Di–Fr 14–17 Uhr, Sa 12–13.30 Uhr · Sallstraße 31 · 30171 Hannover
Tel. 0511 / 89 90 58 76 · www.supernniceshop.de

25 KOCHEN BLEIBT HANDWERK, GENIESSEN AUCH

Unter dem Motto Casual Fine Dining hat sich ein kreativer neuer Ansatz moderner, zum Teil überraschender Kulinarik etabliert. Das Restaurant Handwerk prägt diesen Stil in Hannover wesentlich mit. Das Essen wird als Menü in mehreren Gängen serviert, Gäste können deren Zahl und mögliche Updates bestimmen, dazu wird eine Getränkebegleitung angeboten. Wer aber Lust hat, sich von den Ideen aus der Küche leiten und so überraschen zu lassen, erlebt die hohe Kunst des Kochens: Ungewöhnliche Kombinationen werden hier kredenzt und Klassisches wird kreativ neu interpretiert. Arrangement und Geschmack zeigen, dass das Team um Chefkoch Thomas Wohlfeld jede Zutat ehrt. Hier arbeiten Menschen, die Lebensmittel lieben.

Restaurant Handwerk · Mi–So 18–22 Uhr · Altenbekener Damm 17 · 30173 Hannover
Tel. 0511 / 26 26 75 88 · www.handwerk-hannover.de

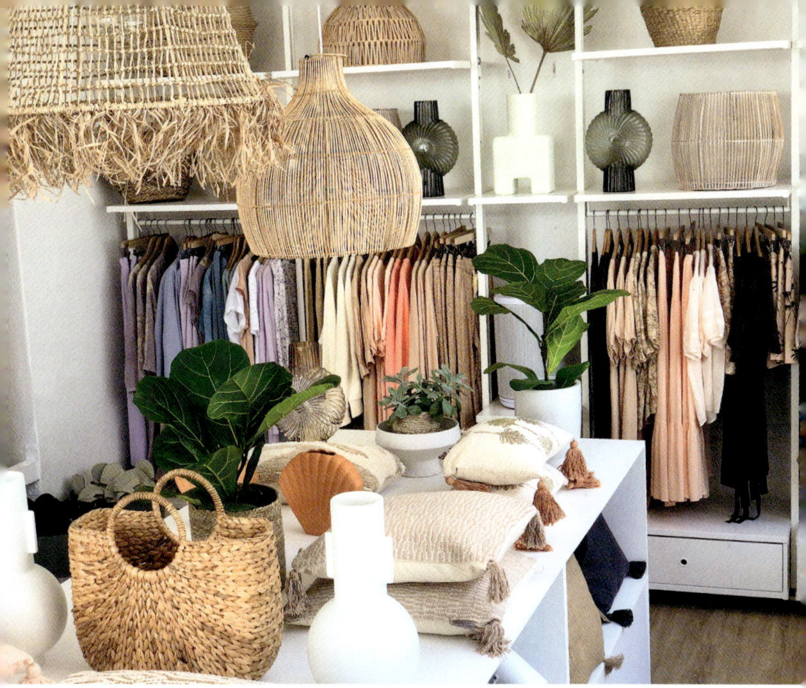

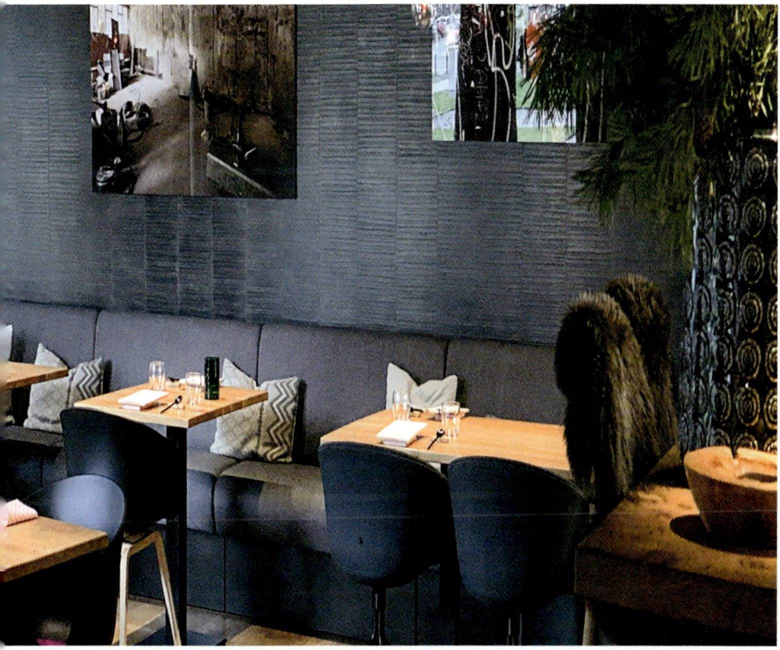

26 DER UNTERGRUND-KLUB

Das Silke Arp Bricht war mehr als 20 Jahre der Untergrundklub Hannovers. Versteckt im Keller eines Wohnhauses wurden hier die wildesten Partys gefeiert. Früher hingen hier schon mal Stars wie Nick Cave an der Theke. Den alten Laden gibt es leider nicht mehr, der Nachfolger ist das Oberdeck.

Früher führte noch eine Treppe in den Keller. Damals hieß der Laden noch Silke Arp Bricht und lockte Künstler wie Nick Cave oder Rocko Schamoni nach ihren Auftritten, um hier noch ein Bier zu trinken, ein paar Platten aufzulegen und die Stimmung zu genießen. Es war wie Berlin-Mitte kurz nach dem Mauerfall: frei, wild und spontan.

Irgendwann entdeckte das Ordnungsamt durch Zufall, dass der Laden kein Konzept für den Feuerschutz hatte außer: »Alle bitte in Ruhe raus, und passt auf euch auf.« Große Unfälle oder gar Verletzte hatte es in den mehr als 20 Jahren nicht gegeben. Die Zeit der obskuren Konzerte, wilden Partys und verrückten Happenings war dennoch vorbei – das Silke Arp Bricht wurde geschlossen.

Das Team teilte sich in zwei Lager: Der eine Teil kehrte den Veranstaltungen den Rücken, der andere versuchte, die bisher gelebte Kultur an anderen Orten weiterzuleben, was auch nicht einfacher war. Schließlich veränderte sich das Umfeld des alten Klubs rasant: Das alte Schloss die Straße herunter wurde irgendwann zu einem Schickimicki-Ausflugslokal. Und im Ladengeschäft nebenan zog ein Designer ein, der gerüchteweise erst einmal das schützende Gestrüpp entfernen ließ. »Erst reißen sie den Efeu ab, dann kommen sie mit dem Kärcher«, war ein typischer Kommentar zu der Zeit.

Doch der Geist von Silke lebt in Teilen der alten Räume weiter: Der Klub heißt inzwischen Oberdeck und befindet sich nun im Erdgeschoss des Gebäudes. Versteckt hinter einem unscheinbaren Eingang an der Königsworther Straße läuft hier ein unregelmäßiges und sehr ungewöhnliches Kulturprogramm.

Oberdeck · Königsworther Straße 20 · 30167 Hannover · www.picknickamwegesrand.de

PIZZA WIE FRÜHER

Tief verborgen in Linden-Süd liegt eine der besten Pizzerien Hannovers: Bei Napoli sieht nicht nur alles aus wie aus einem Film aus den 1980er-Jahren, es schmeckt auch so authentisch und lebendig. Schnell kommt man hier mit anderen Gästen ins Gespräch. Und der Koch singt auch mal eine Arie am Tisch.

Erste Regel bei Pizzeria Napoli: Unbedingt einen Tisch reservieren. Wenn der kleine Laden in Linden-Süd voll ist, passen nur etwa 20 Leute rein. Dann wird es schon mal sehr kuschelig: Es ist laut, warm und lebendig. So eben, wie man sich in Deutschland die typischen italienischen Pizzerien vorstellt. Viele der Gäste kommen schon seit Jahren, kennen den Küchenchef Paolo und seine Frau gut. Und das führt auch schon zur zweiten Regel: Gäste sollten dem Küchenchef unbedingt vertrauen, wenn er ihnen etwas empfiehlt.

Vorweg gibt es meist eine kleine Suppe oder Vorspeise als Gruß aus der Küche. Wenn Sie sich zwischen Pizza und Pasta nicht entscheiden können, wird gerne auch mal spontan etwas gezaubert. Und wenn Paolo zum Nachwürzen an den Tisch kommt, dann sollte man sich seinem Charme ergeben. Auch wenn er eine kleine Arie singt oder einen Scherz macht.

> Für den Verdauungs-
> spaziergang lohnt
> sich ein Besuch des
> Von-Alten-Parks direkt
> um die Ecke.

Die Pizzeria ist ein Unikum in der Stadt: Der Laden sieht aus wie mit einer Zeitmaschine aus den 1980er-Jahren geholt: Bilder von Sportstars, Fußballschals und Trikots und allerlei Klimbim wie Fischernetze oder Plastiktiere hängen an den Wänden. Es sieht aus, wie sich ein Kunstfilmer vor 30 Jahren eine original neapolitanische Pizzakneipe vorgestellt hätte. Die Pizzen heißen Steffi Graf oder Michael Stich, sind groß und lecker. Die Pasta ist hausgemacht, und dazu gibt es Wein in Karaffen. Neben vielen Kindern von ehemaligen Gastarbeitern aus dem Viertel kommen inzwischen auch die Kreativen aus den umliegenden Agenturen hierher. Pizzeria Napoli ist nichts zum feinen Ausgehen. Aber wenn man für wenig Geld italienische Hausmannskost sucht, ist man hier richtig.

Marra Pizzeria Napoli · Di–So 18–24 Uhr · Deisterstraße 40 · 30449 Hannover · Tel. 0511 / 45 48 82

28 DAS GROSSE ABC

Wie wäre es mit einem S? Oder doch lieber ein Q? Manchmal hilft aber auch ein A. Bei Qwertz finden sich zahlreiche Buchstaben, die früher einmal als Leuchtreklame dienten. Die Betreiberin Corinna Lorenz macht aus den ausrangierten Buchstaben kreative und sehenswerte Möbelstücke.

Für Schlemihl aus der Sesamstraße wäre Qwertz sicherlich ein Traum: Hier könnte er nicht nur ein S oder auch mal ein P kaufen, die Buchstaben würden gleichzeitig auch leuchten. Denn der Laden von Corinna Lorenz ist eine Sammelstelle für ausrangierte Leuchtbuchstaben, Lichtreklame und Lettern aller Art. Alle Buchstaben sind ausgestattet mit Leuchtmitteln und der passenden Technik, sodass man sie einfach an jede Steckdose anschließen kann.

»Ich habe mir in den vergangenen zweieinhalb Jahren ein deutschlandweites Netzwerk aufgebaut, über das ich immer an neue Buchstaben komme«, erzählt Lorenz.

Die Idee zu dem Laden kam ihr durch einen Zufall. Auf einem Foto sah sie einen Messestand, der mit Buchstaben gebaut wurde, und war begeistert. Das Geschäft selbst hatte sie da schon, wusste bis dahin aber noch nicht, was sie darin verkaufen sollte. »Am Anfang wollte ich auch nur eine Art Pop-up-Store machen, der vielleicht ein Jahr geöffnet hat.« Doch bereits nach einem Monat merkte die gelernte Grafikdesignerin, dass der Zuspruch so groß war, dass sie das Geschäft dauerhaft betreiben kann.

Egal ob die eigenen Initialen an der Wohnzimmerwand oder den Lieblingsbuchstaben auf dem Regal – bei Qwertz finden Sie die kleinen Werke in den unterschiedlichsten Farben und Schriftarten. Damit ist das Geschäft sicherlich nahezu einmalig in ganz Deutschland. Und für Fans von individueller Einrichtung ein tolles Ziel. »Ich bekomme häufig Fotos von Kunden, auf denen sie zeigen, wie die Buchstaben eingesetzt werden. Das ist eine schöne Bestätigung dafür, dass es eine gute Idee war.«

Qwertz · Do–Fr 14–18, Sa 10–14 Uhr · Egestorffstraße 18 · 30449 Hannover
Tel. 0511 / 79 09 30 74 · www.qwertz-online.de

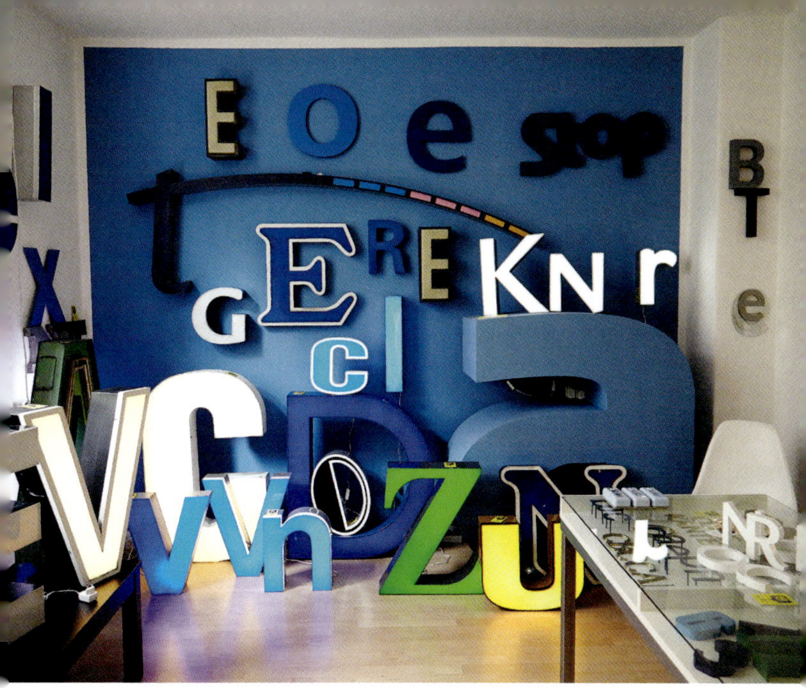

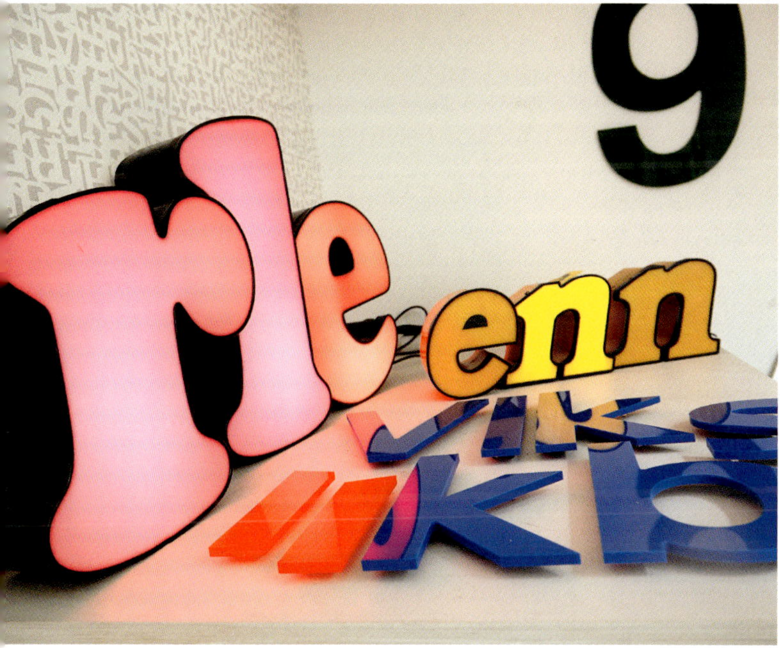

29 DIE BELESENE FREUNDIN

Eine tolle Auswahl unterhaltsamer und kluger Titel und eine kompetente Beratung machen den Annabee Buchladen zum Traum jedes Buchfans. Ganz am Anfang war der Laden ein Kollektiv für Frauen zum Austausch über Literatur. Jetzt ist Annabee so etwas wie die gute Freundin, die immer den passenden Buchtipp hat.

Die Situation für Buchhandlungen hat sich durch zahlreiche Internetgiganten massiv verschärft. Es reicht nicht mehr, eine Reihe von Büchern in die Regale zu stellen und darauf zu hoffen, dass die Kunden sich schon selbst orientieren und das Passende für sich finden. Die Läden müssen sich wieder darauf besinnen, ihren Kunden mit einer tollen Auswahl und geeigneter Beratung zur Seite zu stehen. Es zählen der Kontakt und das richtige Gespür. Dem Annabee Buchladen in der Nähe des Lindener Marktplatzes gelingt das seit den 1970er-Jahren.

Am Anfang stand ein Kollektiv von 14 Studentinnen, die in einem Frauenzentrum miteinander Bücher tauschten. Doch das reichte der Gruppe irgendwann nicht mehr, und sie eröffneten einen eigenen Buchladen, der sich in den Anfangszeit vor allem auf feministische Literatur konzentrierte. Ende der 1980er-Jahre wurde das Sortiment der Frauenbuchhandlung dann erweitert. 2005 kam dann der Umzug von Annabee ins pulsierende Herz von Linden-Mitte.

Die Organisation hat sich hingegen so wenig verändert wie der hohe Anspruch an die Literatur selbst. Dazu gehören einerseits die kluge und aufwendige Auswahl der angebotenen Werke und natürlich die Beratung. Gleichzeitig wird das Geschäft regelmäßig auch zum Ort der Begegnung mit der Literatur, wenn Lesungen mit Autorinnen und Autoren veranstaltet werden. Der Annabee Buchladen ist auf diese Weise zu einer Art guten Freundin geworden, mit der man sich gerne über Literatur austauscht und die einem immer wieder den passenden Buchtipp gibt – ob Neuausgaben oder Klassiker.

Annabee Buchladen · Mo–Fr 10–19, Sa 10–14 Uhr · Stephanusstraße 12–14
30449 Hannover · Tel. 0511 / 1 31 81 39 · www.annabee.de

Explosion
Come in!
SALON
DID WE HEAR SALE
Sale
hier rollt
ein sehr
kleiner

minimum

DAS TRÄGT LINDEN

Wer etwas auf sich hält, geht samstags auf den Lindener Markt zum Einkaufen oder um einfach nur einen Espresso mit Milchschaum zu trinken. Der Marktplatz ist einer der beliebtesten Orte zum Sehen und Gesehenwerden. Die passende Kleidung kaufen viele Anwohner und Zugereiste oftmals im angrenzenden Damen und Herren Salon.

Der Samstag am Lindener Marktplatz ist ein Schaulaufen für die jungen Kreativen und Hübschen des Stadtteils. Hier treffen sich Designer, Journalisten, Kunsthandwerker und zahlreiche andere hippen und sympathischen Menschen auf einen Espresso. Um sie herum gibt es dabei eine unglaublich tolle Auswahl an Gemüse, Obst, Käse, Fleisch, Brot oder Kuchen.

> Nach dem Einkauf noch etwas essen? Dann ab zur Kneipe »... Und der böse Wolf« um die Ecke in der Heesestraße 1. Hier gibt es leckeres thailändisches Essen, frisch gezapftes Bier und immer eine gute Partie Billard. Im Winter sollten Sie immer einen Tisch reservieren.

Am Donnerstag steigt auf dem Platz die große Party. Angelockt von den Angeboten der umliegenden Bars hängen hier vor allem bei gutem Wetter hunderte Menschen zum Quatschen und Feiern rum.

Wenn jemand fragt, wo diese wilden jungen Menschen ihre Kleidung herhaben, könnte man einfach nur auf das Bekleidungsgeschäft Damen und Herren Salon am östlichen Rand des Platzes zeigen. Der Laden bietet moderne und elegante Kleidung zu moderaten Preisen. Die Marken werden dabei von der Besitzerin Miriam Bremer selbst ausgesucht und bewegen sich zwischen skandinavischem Chic und der klassischen Eleganz britischer Mode. Hier findet sich sowohl das passende Outfit für die legere Party am Samstagabend als auch die richtige Garderobe für den Job. Dazu gibt es freundliche Beratung und tolle musikalische Untermalung.

Was hier ganz besonders ist: die Ausstattung der Räume. In dem ersten Raum stehen noch die Haarwaschtische, im zweiten steht eine Badewanne.

Damen und Herren Salon · Mo–Fr 10–19, Sa 10–16 Uhr · Lindener Marktplatz 12
30449 Hannover · Tel. 0511 / 4 73 99 91 · www.damen-und-herren-salon.de

31 HANNOVERS BAUCH

Ohne ihn würde Hannovers Lebensmittelversorgung ganz anders aussehen: Der Großmarkt versorgt die Händler Hannovers mit Gemüse, Obst, Blumen und vielem mehr. Ein Einkauf am frühen Morgen ist eine spannende Alternative zum Besuch der Bauernmärkte in der Innenstadt und ein toller Start in den Tag.

Morgens, wenn die Stadt noch schläft, bereiten sich Hannovers Obst- und Gemüsehändler auf einen anstrengenden Tag vor. Sie fahren raus nach Bornum zum Großmarkt Hannover. Ab 3 Uhr morgens stehen sie hier und handeln. Kistenweise werden die Tomaten, Salatköpfe und Äpfel über die Tresen gereicht und verteilt. Der Großmarkt Hannover versorgt

Anstatt nach dem Feiern in Linden ins Bett zu gehen, nehmen Sie einfach den Umweg zum Großmarkt, trinken dort einen Kaffee und schauen sich das Treiben an.

die Gemüse- und Obsthändler in der Region mit frischer Ware – von heimischen Kartoffeln bis hin zu exotischen Mangos, Spargel aus Südamerika oder Avocados aus Israel. Doch nicht nur für die Mägen Hannovers wird hier geschuftet: Auch Floristen kaufen hier ein.

Es brummt und summt, und die Händler reißen Witze, lassen lockere Sprüche ab und wuppen nebenbei Tonnen an Lebensmitteln hin und her. Es ist ein ganz besonderer Schlag Mensch, der hier zusammenkommt und dafür sorgt, dass die Menschen in Hannover nicht hungrig bleiben.

Um 9 Uhr ist dann wieder alles vorbei, und die Halle wird anschließend für Floh- oder Antikmärkte genutzt. Dazwischen ist das Gewusel groß. Anders als der gemütliche Besuch auf einem der Märkte in der Innenstadt ist der Großmarkt klar auf Handeln fixiert. Besucher bekommen auch die Möglichkeit, Gemüse und Obst in großen Mengen einzukaufen. Und besonders das Angebot an internationalen Spezialitäten ist unvergleichlich. Wer eine große Gesellschaft zum Abendessen erwartet, der sollte unbedingt beim Großmarkt vorbeischauen und sich hier eindecken.

Großmarkt Hannover · Mo–Sa 3–9 Uhr · Am Tönniesberg 16/18 · 30453 Hannover
www.grossmarkt-hannover.de

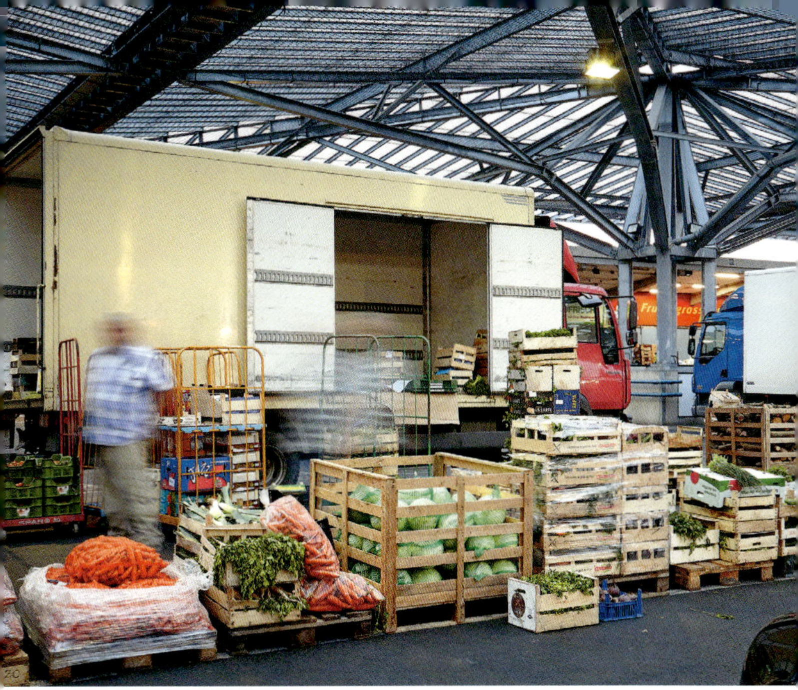

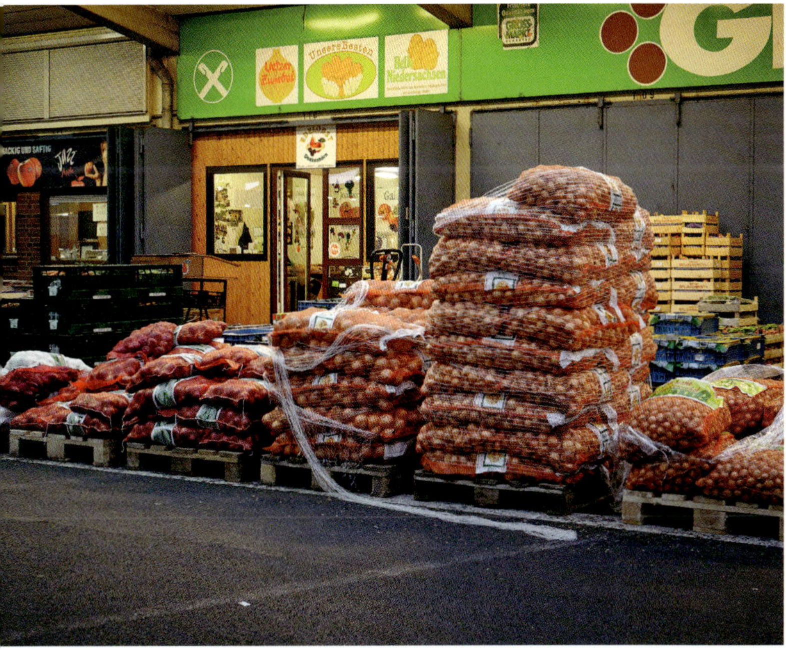
UnsersBesten
Niedersachsen

32 DAS WOCHENEND-WOHNZIMMER

Schmutzig, laut und rebellisch – seit Jahrzehnten ist die Glocksee ein Kern der alternativen Szene in Hannover. Zu den Konzerten kommen angesagte Punk- und Elektrobands, die Partys gehen gerne mal bis zum nächsten Mittag. Hier trifft man immer jemanden, der Lust auf ein Bier oder eine Runde Kickern hat.

Hier trifft man immer jemand Bekannten: Am Wochenende ist die Glocksee das Wohnzimmer der hannoverschen alternativen Szene. Egal welche Musik in den beiden Sälen läuft, die Bude ist meistens voll und die Stimmung gut. Das Programm reicht dabei von Punkkonzerten, Auftritten von künstlerischen Noisebands über Swingmusik-Partys bis hin zur Technoparty bis in den nächsten Mittag. Dabei haben sich die Getränkepreise in den vergangenen Jahren fast nicht geändert und sind immer noch günstig.

Auch wenn die beiden Partyräume Café und Indiego Glocksee in einem Haus untergebracht sind und der Eintritt oft für beide gilt, sind es zwei unterschiedliche Klubs, die sich basisdemokratisch organisieren. Und beide stehen auch jungen Menschen offen, die selbst gerne mal auflegen oder eine Party organisieren wollen. Man muss sich nur jeweils dem Booker beziehungsweise dem Plenum stellen und seine Idee verteidigen. Viele der hannoverschen DJs und Bands haben hier einmal angefangen, und selbst die Scorpions gaben hier ihre frühen Konzerte.

Doch neben der Partylocation gibt es auf dem Gelände auch ein Jugendzentrum, im Keller proben viele der bekannten Bands. Und im Sommer finden auf dem Hof die besten Partys unter freiem Himmel statt. Auf dem Zufahrtsweg des ehemaligen Industriegeländes befindet sich außerdem die wichtigste Graffiti-Wand oder Hall of Fame Hannovers. Wer wissen möchte, was Hannovers Street-Art-Künstler gerade so machen, kann ihnen hier oft live beim Malen zuschauen.

Unter der Woche sind die Klubs meist geschlossen. Nur dienstags veranstaltet das Café Glocksee im Erdgeschoss Konzerte, oftmals kostenlos.

Glocksee · Glockseestraße 35 · 30169 Hannover
www.cafe-glocksee.de und www.indiego-glocksee.de

33
DER KNUTSCHKELLER

Einmal abgestiegen in das Béi Chéz Heinz finden viele Freunde von Rock und Elektro in dem Keller unter dem Fössebad ihren Stammladen. Hier tanzt Hannovers Studentenszene mit den Lindener Jungs und Mädels zu den neuesten Hits und den großen Klassikern. Anbandeln garantiert.

Früher gab es hier eine Knutschecke. Davon erzählen die Älteren am Tresen immer noch. Das Béi Chéz Heinz ist schließlich mehr als nur Klub und Konzerthalle: Es ist das Wohnzimmer von Linden-Limmer.

Der ehemalige Fahrradkeller unter dem Fössebad hat mit seinem Programm aus Rock- und Punkkonzerten, Elektropartys und Studentendiskos ein eigenes Publikum geschmacklich erzogen. Die Stimmung ist entspannt und immer fröhlich.

Ursprünglich war der Klub vor allem für seine Rock- und Punkkonzerte und Partys bekannt, inzwischen gibt es hier aber auch regelmäßig Techno-Raves, die sich schon einmal über ein ganzes Wochenende lang hinziehen können. Dann stehen auf dem Hof oben kleine Stände mit Essen, Cocktails oder Kaffee, sodass eine richtige Festivalatmosphäre entsteht.

> Während des Uni-Semesters veranstalten die unterschiedlichen Fakultäten ihre Partys immer donnerstags. Besonders für Hannover-Neulinge lohnt sich dann ein Besuch.

Eines der jährlichen Highlights ist dabei das Cover-Festival im Frühjahr, das so etwas wie die Werkschau der hannoverschen Musikszene ist. Die Organisatoren geben dabei immer ein bestimmtes Thema vor und losen dann den teilnehmenden Bands die Lieder zu. Da kann es passieren, dass Metal-Bands Hip-Hop-Tracks nachspielen müssen oder Punkbands Schlager.

Doch ein richtiges Wohnzimmer wäre das Béi Chéz Heinz nicht, wenn es nicht auch die Spiele von Hannover 96 und ausgewählte Partien der Nationalmannschaft zeigen würde. Das Béi Chéz Heinz zeigt, dass Do-It-Yourself-Attitüde und alternative Kultur aus einem muffigen Keller eine tolle deutschlandweit bekannte Institution machen können.

Béi Chéz Heinz · Liepmannstraße 7 b · 30453 Hannover · www.beichezheinz.de

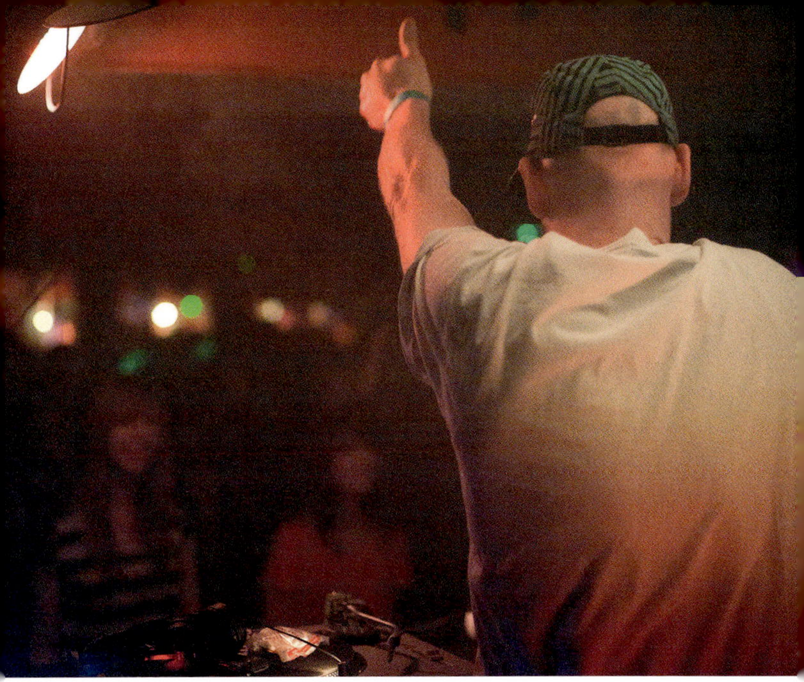

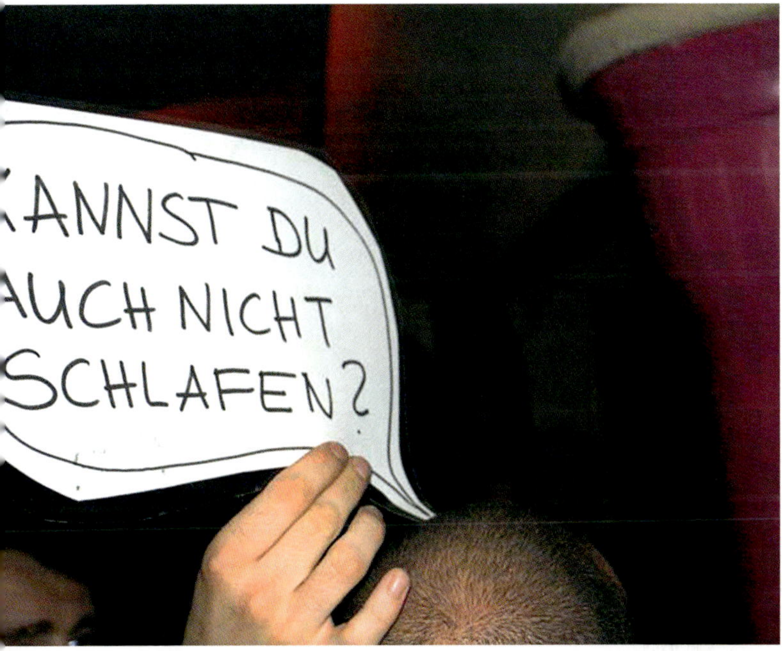
ANNST DU
AUCH NICHT
SCHLAFEN?

34 DER MUCKERPALAST

Das Musikgeschäft PPC ist der wahre Traum jedes Muckers: Zahlreiche Instrumente und Klanggeräte finden sich in dem riesigen Geschäft. Die Beratung ist vom Feinsten, und nahezu alles kann man hier ausprobieren. Dafür lohnt sich schon eine Fahrt nach Norden in die Vorstadt.

Es gibt zahlreiche bitterböse Witze, die sich Musiker über Instrumentenhändler erzählen. Im Fall des Personals von PPC Music in Vahrenwald sind diese Witze aber keineswegs Realität. Denn Hannovers größtes Musikgeschäft ist für Mucker ein wahr gewordener Traum.

Wenn Musiker zum ersten Mal das Gebäude im Norden der Stadt betreten, ergehen sie sich minutenlang in begeistertem Beobachten. So viele Instrumente und Klanggeräte stehen hier oder hängen an den Wänden. Es ist ein wahres Paradies für Mucker. Und das Beste: Nahezu alles lässt sich ausprobieren, und die Mitarbeiter beraten und helfen gerne bei Fragen.

In der Abteilung für Schlagzeuge und Percussion finden Freunde der Rhythmik zahlreiche Drums, Becken, Bongos und was es sonst noch alles gibt. Bei der Probe von einzelnen Becken können schon einmal Stunden vergehen, bis man den für sich perfekten Klang gefunden hat.

Ein Stockwerk weiter oben ist auf der einen Seite die Gitarren- und Bassabteilung, in der in kleinen Proberäumen nicht nur die Instrumente selbst ausprobiert werden können, sondern auch die zahlreichen Effektgeräte und – nicht zu unterschätzen – die Verstärker.

Gegenüber ist die Abteilung für Aufnahmegeräte und Synthesizer. In einem eigenen Studio lässt sich moderne Software ausprobieren, und dort werden gerne auch mal Mikrofone oder Kopfhörer dem Praxistest unterzogen. Hier werden auch regelmäßig Workshops für die bekanntesten Programme veranstaltet. In Zeiten, da immer mehr Musikinstrumente über das Internet vertrieben werden, ist es schön, einmal mit richtigen Experten über das passende Gerät zu philosophieren und es gleich auszuprobieren.

PPC Music · Mo–Fr 10–19, Sa 10–16 Uhr · Alter Flughafen 7 a · 30179 Hannover
Tel. 0511 / 67 99 80 · www.ppc-music.de

DAUER-FLOHMARKT FÜR KÜCHE UND HAUSHALT

Gebrauchte Küchenutensilien, Besteck, Geschirr, Werkzeuge und vieles mehr – Dithmars Kaufhaus in der List ist der Lieblingsladen für alle Second-Hand-Fans und Menschen, die Lust am Kramen haben.

Gläser? Kein Problem. Töpfe? Kein Problem. Ein bestimmtes Werkzeug zum Kochen? Auch kein Problem. In den Tiefen von Dithmars Kaufhaus scheint es nahezu alles zu geben, was man für die Wohnung braucht. Der Second-Hand-Laden, keine fünf Minuten von der Lister Meile entfernt, ist seit Jahrzehnten eine Institution. Jeder, der ein bestimmtes Küchenutensil, ein Werkzeug, Geschirr, Besteck, Gläser oder etwas anderes, auch Skurriles sucht, wird hier in der Regel fündig.

Besucher können sich an die kundigen Betreiberinnen wenden. Auch wenn das kleine Kaufhaus beim ersten Besuch ein wenig unübersichtlich wirkt – das Team kennt sich super aus und findet meist sehr schnell, wonach man sucht. Natürlich lohnt sich aber auch einfach ein zielloses Stöbern: In den Gängen findet sich für jeden Geschmack etwas. Und sei es einfach eine neue Tasse fürs Büro, neue Lieblingsweingläser oder das erste echte Kindergeschirr für den Nachwuchs.

Man kann sich auch einfach treiben lassen und Dinge finden, für die man auf den ersten Blick vielleicht keine Verwendung hat, die aber das Leben sicher bereichern. Der Laden im Hinterhof wirkt wie ein ständiger Flohmarkt. Immer wieder kommt neue alte Ware.

Besonders bei Studierenden ist Dithmars Kaufhaus beliebt, wenn es um die Einrichtung in der ersten Wohnung oder WG geht. Auch finden sich immer wieder Einzelstücke alter Reihen, die nicht mehr produziert werden und die man in normalen Einrichtungs- oder Küchengeschäften vergeblich sucht. Aber auch Menschen, die eine besondere Dinnerparty organisieren und beispielsweise Retrogeschirr suchen, werden – wenn in Hannover, dann hier – fündig.

Dithmars Kaufhaus · In der Steinriede 7 · 30161 Hannover · Tel. 0511 / 662394

DAS FAIRE KAUFHAUS

Die Deutschen konsumieren gerne und geben so Unmengen an Geld für Dinge aus, die sie kurz darauf wieder wegschmeißen. Doch Kleidung, Möbel und Bücher gehören nicht in den Müll. Besser ist es, alte, aber heile Gegenstände zu fairKauf zu bringen. Dort finden sich immer wieder alte Schätze.

Warum immer nur neu kaufen und das Alte wegschmeißen? Die Leitidee von fairKauf bezieht sich nicht nur auf Gegenstände: Denn das soziale Kaufhaus mit vier Standorten in der Region hat es sich zur Aufgabe gemacht, gegen die Wegwerfgesellschaft anzugehen und gleichzeitig Menschen aus ihrer Langzeitarbeitslosigkeit herauszuhelfen. Der Gewinn des Unternehmens kommt direkt der sozialen Sache zugute. So bekommen Kunden nicht nur günstig gebrauchte Möbel, Kleidung, Haushaltswaren oder auch Bücher, Platten und CDs, sondern häufig auch ein warmes Wort, Hilfe oder Tipps. »Wir wollen dem guten Gebrauchten ein zweites Leben geben«, sagt das Team selbst und ist damit sehr erfolgreich.

So finden sich in den Filialen in der hannoverschen City, in Laatzen, in Langenhagen oder Hainholz wahre Schätze: Besonders alte Möbel und gut erhaltenes Geschirr werden schnell weiterverkauft. Ob als Startausstattung für Studenten-WGs oder als richtige Einrichtung – vom Toaster bis zum Bett findet sich alles in den Räumlichkeiten von fairKauf. Zu den Trägern gehören unter anderem die Caritas und das Diakonische Werk.

Doch nicht nur Suchenden hilft das fairKauf weiter: Auch wer selbst seinen Haushalt entrümpeln möchte, kann sich an das soziale Kaufhaus wenden. Denn das Angebot richtet sich immer auch nach den Spenden, die eingehen. So unterstützt fairKauf auch Haushaltsauflösungen. Egal ob Möbel, Kleidung oder Haushaltsgegenstände – alles wird bei fairKauf gereinigt, repariert und schön gemacht, bevor es wieder weiterverkauft wird. So kauft man bei fairKauf nicht nur Waren, sondern Gegenstände mit einer eigenen Geschichte.

---

fairKauf · Mo–Fr 8–18, Sa 10–16 Uhr · Mogelkenstraße 34 · 30165 Hannover
Tel. 0511 / 35 76 59 32 · www.fairkauf-hannover.de

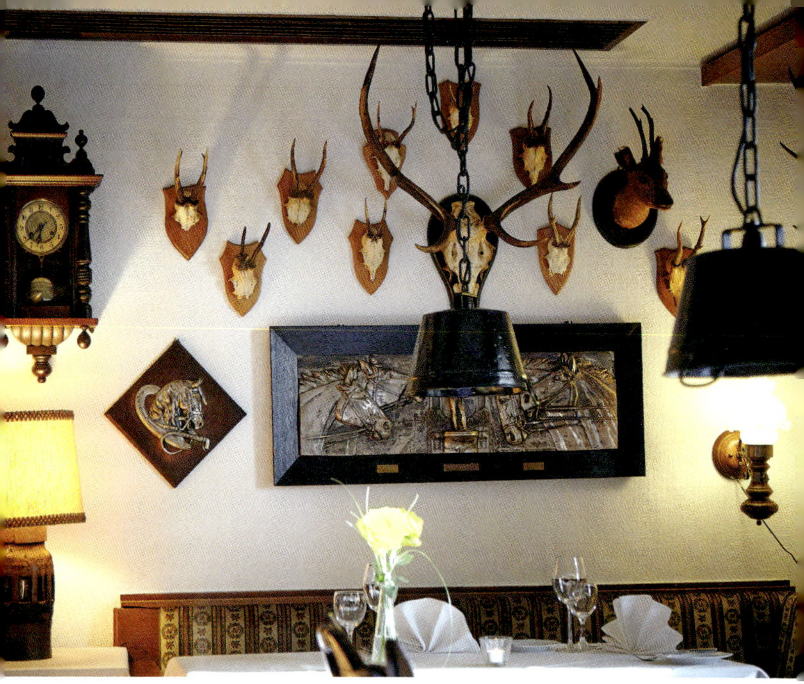

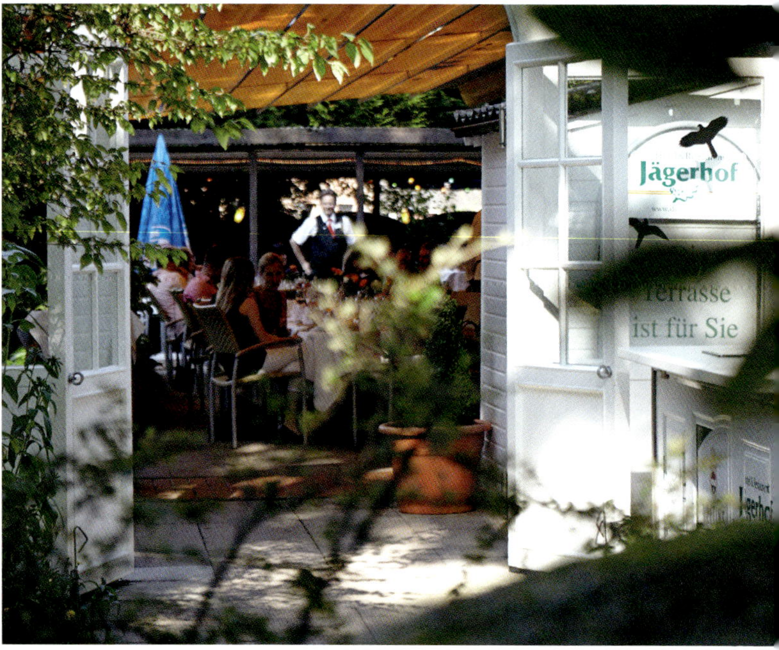
Jägerhof
Terrasse
ist für Sie

BÜRGERLICH SCHMAUSEN

37

Moderne deutsche Küche in rustikal-bürgerlichem Ambiente – der Jägerhof in Langenhagen verbindet mühelos Tradition und Moderne. So bietet das Restaurant nicht nur saisonale Küche aus der Region, die Räumlichkeiten gelten bei Paaren auch als Geheimtipp für die gelungene Hochzeitsfeier.

Ein bisschen fahren muss man schon, um zum Jägerhof zu gelangen. Aber es lohnt sich. Besonders wenn es draußen warm ist und man im Garten des Restaurants sitzen kann. Dann bekommen Sie ein Gefühl davon, wie Moderne und Tradition zusammen funktionieren können.

Denn der Jägerhof ist einerseits ein jahrzehntealter Familienbetrieb, bei dem der Chef immer noch selbst in der Küche steht. Andererseits war Familie Kelle, die das Restaurant und das angegliederte Hotel leitet, immer auch offen gegenüber neuen Entwicklungen.

So schloss sich die Küche schon vor Jahren der Slowfood-Bewegung an. Eines von vielen Qualitätsmerkmalen, das sich bei der Auswahl der Produkte und bei der Zubereitung der Gerichte

> Freunde der traditionellen niedersächsischen Küche werden sich besonders über die Hochzeitssuppe als Vorspeise freuen.

bemerkbar macht. Dass das Restaurant einen Großteil seiner Waren von regionalen Produzenten bekommt, ist dabei ein weiterer wichtiger Aspekt. So arbeitet das Küchenteam seit vielen Jahren mit Jägern zusammen, die das Wild liefern, das besonders zur Herbstzeit auf den Tisch kommt. Doch auch die Auswahl an vegetarischen Gerichten ist für ein bürgerliches Restaurant bemerkenswert. Die Küche hat schon vor Jahren erkannt, dass fleischlose Ernährung und gute bürgerliche Küche kein Widerspruch sein muss. Schließlich bieten Felder und Wälder genug Vielfalt für bunte Teller.

Für die Gäste ist ein Essen im Jägerhof etwas ganz Besonderes. Schließlich ist neben den ausgezeichneten Produkten auch der Service top. Das Personal ist sehr aufmerksam und professionell.

Jägerhof · Mo 18–24, Di–Fr 11–24, Sa 18.30–24, So 11.30–14.30 Uhr · Walsroder Straße 251
30855 Langenhagen · Tel. 0511/77960 · www.der-jaegerhof-langenhagen.de

SO RICHTIG DIE SEELE BAUMELN LASSEN!

WELLNESS, ENTSPANNUNG UND UNTERKUNFT

38 SCHWITZEN IM STADTPARK

Das Saunahaus am Rand des Stadtparks ist Hannovers älteste Schwitzhütte. Hier treffen sich seit 1943 Freunde des heißen Sports zum gemeinsamen Aufguss in einer entspannten Atmosphäre. Die finnische und die Kräutersauna werden bis spät in den Abend beheizt. Und mieten lässt sich das Haus auch.

Nicht nur in Skandinavien ist Schwitzen ein Sport, auch an der Leine kommt man gerne zum Saunagang zusammen – und das schon seit vielen Jahrzehnten. Seit 1943 treffen sich Hannovers Saunafreunde in der Stadtparksauna im Zooviertel. Es ist Hannovers älteste Schwitzhütte mit bewegender Geschichte: Schon öfters entging die Sauna nur knapp der Schließung; gegen die großen Saunazentren im Umland ist es in den vergangenen Jahren wohl immer schwieriger geworden, ohne große Events zu bestehen. Seit einigen Jahren kümmert sich nun ein Verein um die Einrichtung, die gerade erst renoviert und modernisiert wurde. Mehrere Erweiterungen sind außerdem geplant.

Auch Massagen sind, gegen Aufpreis und nach Voranmeldung, im Angebot, z. B. eine tibetanische, eine Hot-Stone- oder Fußreflexzonenmassage, ebenso ein Salz-Peeling.

Doch der Charme der traditionellen Sauna soll erhalten bleiben. Schließlich geht es beim Saunieren neben dem Schwitzen auch darum, zur Ruhe zu kommen und die Entspannung nach dem Saunagang zu genießen. Das Haus verfügt über eine finnische und eine Kräutersauna sowie großzügige Ruheflächen und einen Garten. Mehrmals in der Woche ist die Sauna ausschließlich für Frauen geöffnet, und mehrere Angebote für Paare und Freundeskreise gibt es auch, bei geringerem Eintritt.

Am Wochenende geht der Aufguss auch mal bis in den späten Abend, und das Haus lässt sich ideal für Geburtstage und andere Feiern mieten. Sonntags gibt es außerdem ein Angebot für Saunieren mit Massage und Frühstück inklusive für 27 Euro oder 50 Euro für ein Paar.

Stadtpark-Sauna · Mo 14–21, Di 11–22, Mi 9–22, Do 11–22, Fr 11–23, Sa 9–17, So 10–17 Uhr, 13,50 Euro · Kleefelder Straße 39 · 30175 Hannover · Tel. 0511 / 81 68 80
www.stadtparksauna.de

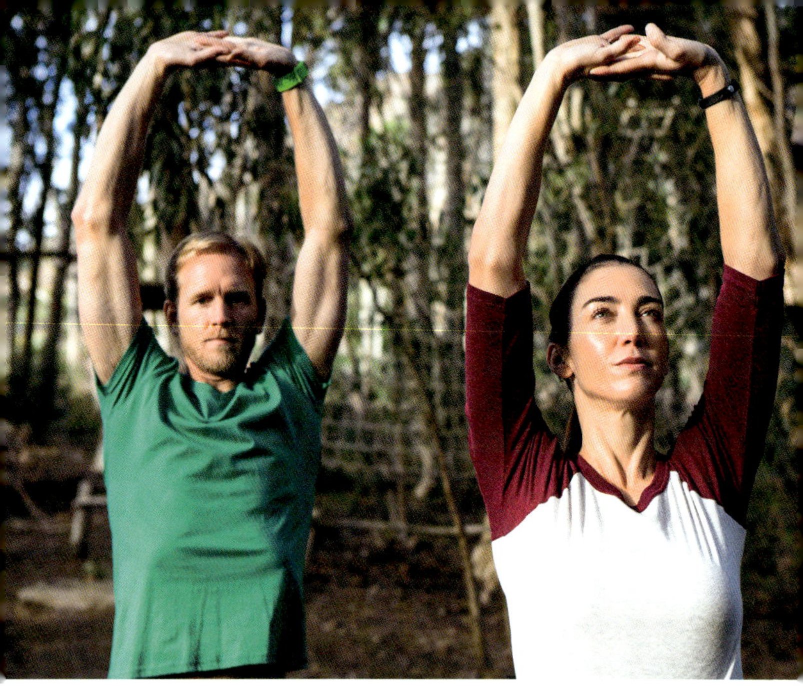

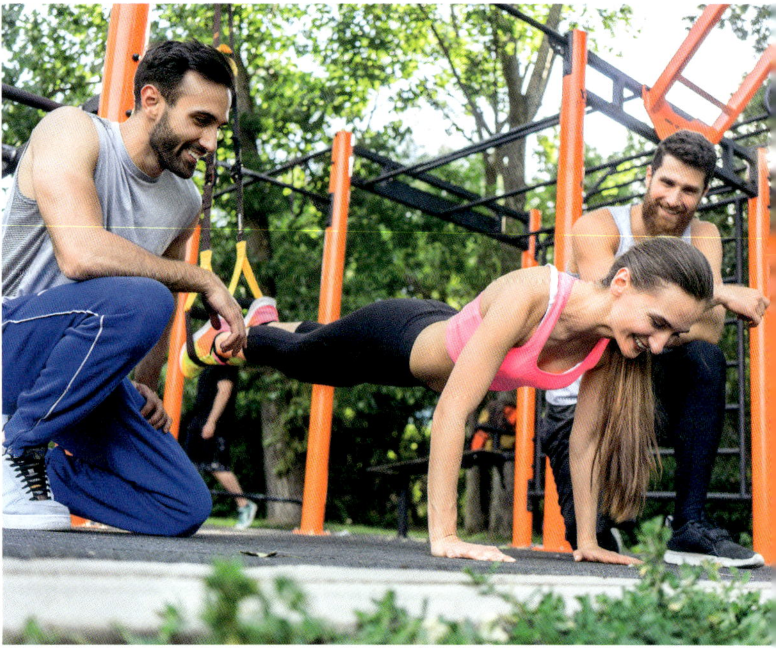

FIT DURCH
DEN STADTWALD

Die Hannoveraner sind stolz auf ihren Stadtwald: Immerhin gilt die Eilenriede mit rund 640 Hektar als einer der größten der Welt. Mitten in diesem Grün befindet sich ein Trimm-dich-Pfad. Der Startpunkt des etwa 1,9 Kilometer langen Pfades liegt gegenüber vom Zooparkhaus. Rund alle 200 Meter sind zahlreiche Geräte und besondere Vorrichtungen angebracht, mit denen sich jeweils andere Muskeln trainieren lassen. Die unterschiedlichen Stationen sind dabei gestalterisch an den Wald angepasst. Liegestütze, Klimmzüge, Bauchübungen – die Anstrengungen lohnen sich nicht nur körperlich, schließlich gibt es nur wenige Sportstätten, in denen man Eichhörnchen und Vögel beobachten kann und gleichzeitig das leise Rauschen der Bäume im Ohr hat.

Trimm-dich-Pfad · Eilenriede

FITNESS UNTER
FREIEM HIMMEL

Calisthenics ist ein Ansatz, bei dem der Körper als Trainingsgerät genutzt wird. Alle Übungen werden daher nur mit dem körpereigenen Gewicht durchgeführt. Aus der lokalen Calisthenics Community haben sich gleich fünf Outdoor-Trainingsplätze entwickelt, die gemeinsam mit Sportlern und Menschen aus dem jeweiligen Umfeld konzipiert wurden: Sie befinden sich am Maschsee, am Lister Turm, in Misburg, in der Südstadt und in Vahrenheide. Die Benutzung ist kostenlos. Die Ausstattung ist jeweils unterschiedlich; auf der Website finden sich nicht nur Beschreibungen der Plätze, sondern auch Trainingstipps sowie Veranstaltungsankündigungen. Besonders der Platz am Maschsee, direkt am Sportleistungszentrum, ist aufgrund seiner schönen Umgebung sehr beliebt. Und der Platz am Lister Turm lädt, neben einer Runde durch die Eilenriede, auch dazu ein, sich im nahen Biergarten nach dem Training zu belohnen.

Calisthenics Hannover · calisthenics-hannover.de

41 SPIELEN UND SPIELEN LASSEN

Wenn aus Paaren Eltern werden, verschiebt sich deren Lebensmittelpunkt radikal. Auf einmal entdecken sie die Spielplätze in ihrer Umgebung und finden dort viel Erfreuliches. Einer der schönsten Plätze in Hannover ist der Wakitu Spielpark. Seine Lage in der Eilenriede und seine Spielmöglichkeiten sind einmalig.

An der Frage, wo man sich mit anderen Müttern oder Vätern trifft, sind schon so manche Freundschaften zerbrochen. Denn für viele Eltern sind die Vorzüge oder Nachteile der Plätze immer auch eine Frage des Geschmacks, der Einstellung und natürlich der Distanz vom eigenen Heim. Doch nicht nur Eltern aus der List und der Oststadt können sich darauf einigen, dass der Wakitu Spielpark in der Eilenriede mit seinen zahlreichen Spielmöglichkeiten einer der besten in ganz Hannover ist.

Nur eine Straße trennt den Platz vom Rest der Stadt, und hat man diese überquert, findet man sich in der ruhigen Eilenriede wieder. Nur wenige Fußminuten vom Lister Platz entfernt ist die Lage des Wakitu Spielparks auch per Bahn oder Bus gut erreichbar.

Der Platz ist eingezäunt, sehr sauber und bietet mit dem Grün der Bäume auch eine direkte Nähe zur Natur, die allein schon ein Grund wäre, in diese Gegend zu kommen.

Der Park ist ein tolles Ziel für verspielte Nachmittage im Sommer, bei denen die Kleinen eines der zahlreichen Spielgeräte ausprobieren können. Auf rund 14 000 Quadratmetern finden sich unter anderem Wippen, Schaukeln, Balancierelemente, Fußballtore und Basketballkörbe sowie zahlreiche Klettergerüste und genug Platz zum Sandbuddeln. In der direkten Nähe befindet sich außerdem nicht nur eine Toilette, sondern auch ein Kiosk. Auf dem angrenzenden Erlebnishof Wakitu finden außerdem zahlreiche Veranstaltungen für Kinder statt. Und wenn die Kinder nach dem Toben friedlich schlafend im Kinderwagen liegen, können die Eltern die Stille der Eilenriede bei einem Spaziergang genießen.

Wakitu Spielpark · Hohenzollernstraße 57 · 30177 Hannover · www.erlebnishof-wakitu.de

NATURBELASSEN BADEN

Das Hainhölzer Bad ist das einzige naturbelassene Schwimmbad in der Region. Besonders für Menschen mit Hautproblemen ist es das ideale Bad zum Schwimmen und Planschen. Gleichzeitig ist es auch für Familien mit Kindern geeignet, die Lust haben auf einen entspannten Tag am Wasser.

Der Mensch strebt zum Wasser. Besonders wenn es draußen warm ist, scheint es, als würde halb Hannover zu den Seen, Flüssen und Schwimmbädern pilgern, auf der Suche nach einer kleinen Abkühlung. Im Fall des Hainhölzer Bades finden Besucher sogar ein ganz besonderes Wasser: Denn das Schwimmbad im Nordwesten der Stadt verzichtet auf Chemikalien, um seine unbeheizten und nach natürlichen Formen gestalteten Becken sauber zu halten. Nur naturbelassene Verfahren werden für die Reinigung genutzt. Das Wasser zirkuliert durch mehrere Becken und wird so unter anderem durch Bakterien in komplexen, aber nachhaltigen Verfahren gereinigt. Das macht das Wasser immer ein wenig trübe, ist aber genauso

> In den Sommerferien lohnt es sich, früh zu kommen, denn spätestens ab mittags sind im Bad sehr viele Kinder und Jugendliche.

hygienisch wie das gechlorte, unnatürlich blaue Wasser, das man aus den meisten anderen Pools kennt. Gleichzeitig fühlt es sich ganz anders an, auch weil es unbeheizt ist, was im Sommer für eine weitere Abkühlung sorgt.

Besonders für Menschen, die allergisch auf Chlor reagieren, ist das Bad der ideale Ort zum Schwimmen. Gleichzeitig bietet das Bad mit seinen großen Liegeflächen und den alten Bäumen ein ideales Ziel für den kurzen Urlaub am Nachmittag. Dabei ist das Bad besonders bei Studenten, Jugendlichen und Familien mit Kindern beliebt. Hier trifft sich die Nachbarschaft zu einem Plausch, hier wird gemeinsam fürs Seepferdchen geübt und hinterher ein Eis oder Pommes beim Kiosk gegessen. Das Hainhölzer Bad bietet so nicht nur ein natürliches Schwimmvergnügen, sondern eine wirkliche Abwechslung zu den meisten anderen Schwimmbädern in der Region.

Hainhölzer Bad · in der Freibadesaison Mo–So 10–19 Uhr · 2,50 Euro
Voltmerstraße 56 · 30165 Hannover · Tel 0511 / 16 83 41 64

43 DER DUFT DES KAFFEES

Das 24 Grad in der Nordstadt vereint die Liebe zum Kaffee mit der Wissenschaft. Die Betreiber bieten Kaffee-Verkostungen an und verarbeiten Bohnen aus nachhaltigem und ökologischem Anbau, und das mit einer gehörigen Portion Liebe zum Detail. Nur Milch sollte man nicht in den Kaffee tun.

Wenn Jürgen Piechaczek seine Nase tief in die Schale hält und den feinen Duft tief einatmet, dann ist er an einem besonderen Ort. Er vergisst, was um ihn herum passiert, für einen Moment und konzentriert sich ganz auf das, was er da in seiner Nase hat: den Duft von frisch aufgegossenem Kaffee.

Piechaczek führt gemeinsam mit Markus Glaubitz eine Kaffeerösterei mit angeschlossenem Café. 24 Grad wegen des nördlichen und südlichen Breitengrads auf der Welt, zwischen denen Kaffee ohne große Probleme von selbst wächst. Das kleine Café ist pragmatisch-gemütlich eingerichtet mit mehreren Sesseln und gepolsterten Bänken.

Im Gegensatz zu vielen anderen Cafés ist beim 24 Grad die Espressobohne nicht der große Star. Die beiden Betreiber haben sich dem Filterkaffee verschrieben, wegen seiner höchst unterschiedlichen Aromen und der Art, dieses dunkelbraune Gold wie Wein zu genießen. Jürgen bietet daher auch Cup-Tastings an, Schnupper- und Verkostungsnachmittage, bei denen er die Kaffeesorten nach Belieben vorstellt, man gemeinsam über die Unterschiede philosophieren und sich über die Anbaugebiete informieren kann. Denn auch das ist das 24 Grad: ein Anlaufpunkt für Menschen, die sich dafür interessieren, wie sie leben und woher ihre Lebensmittel kommen. Deshalb trifft man im 24 Grad auch vom Kulturjournalisten über Lehrer bis hin zu Punks viele Menschen mit einer offenen Lebenseinstellung.

Die Uni ist nicht weit, die Stimmung ist gut. Und auch Jürgen drückt mal ein Auge zu, wenn sich jemand nach seiner liebevollen Beschreibung eines Kaffeearomas einfach einen Schluck Milch in den Kaffee gießt. Was für wirkliche Kaffeeliebhaber das Gleiche bedeutet wie Cola in den Wein kippen.

---

24 Grad · Mo–Fr 8–19, Sa 9–19, So und Feiertags 11–19 Uhr · Engelbosteler Damm 52
30167 Hannover · www.24grad.net

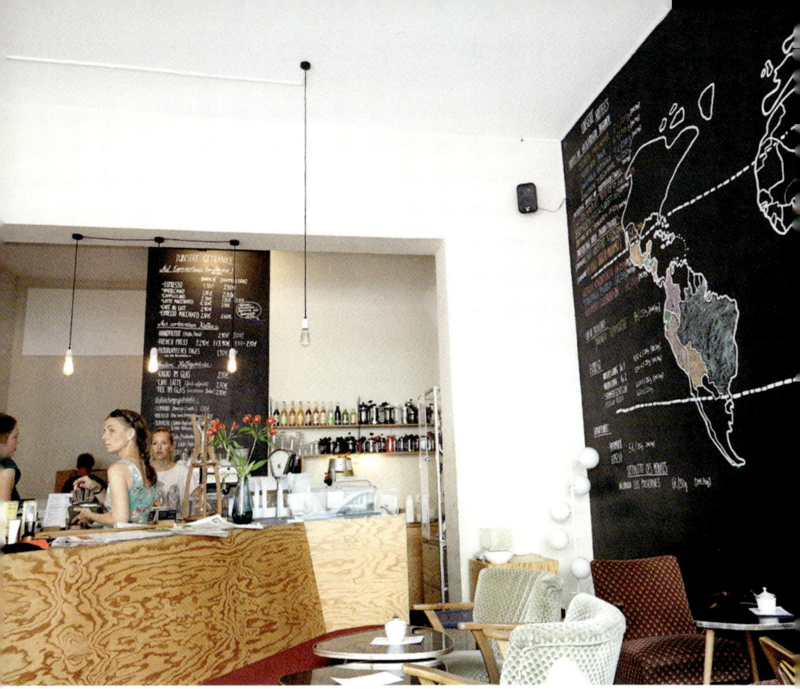

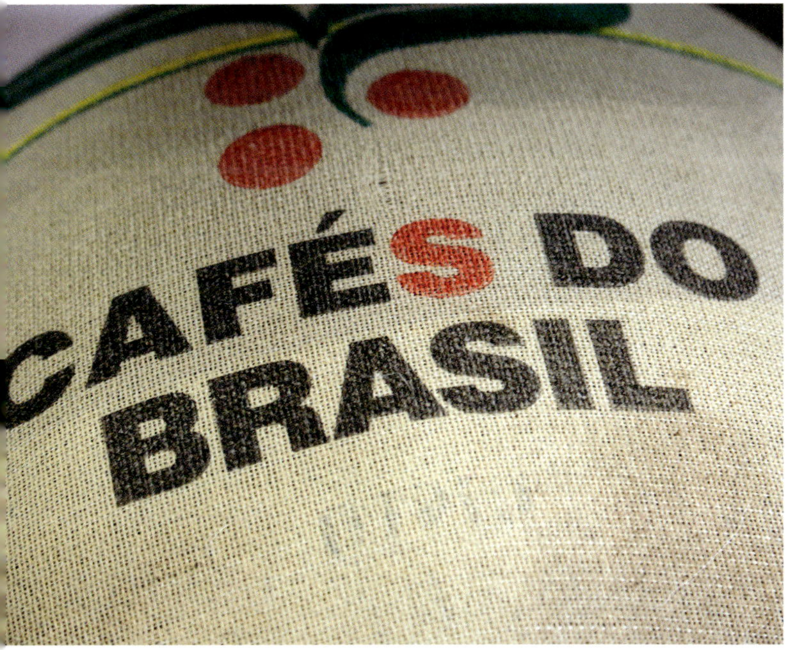
CAFÉS DO
BRASIL

DIE WASSERSTADT

Ob Stichkanal, Ihme oder Leine – Hannovers Schönheit erschließt sich vielen Menschen spätestens am Wasser. Die zahlreichen Flüsse und Kanäle sind besonders im Sommer ein angesagter Ort für Pärchen, Partys und Picknicks. Dabei ist die Wasserqualität inzwischen so gut, dass man ohne große Bedenken schwimmen gehen kann.

Vor dem Zweiten Weltkrieg wurde Hannover von Besuchern gerne mal das Venedig des Nordens genannt. Die zahlreichen Kanäle und Flussabzweigungen mit den bebauten Brücken schufen ein höchst romantisches Bild.

Doch nur noch Fotos erinnern an die Zeit von damals: Von den meisten Bauten haben Krieg und Umgestaltung der Stadt in den 1950er-Jahren nach dem Konzept der »Autogerechten Stadt« leider nicht viel übrig gelassen. Doch das besondere Verhältnis von Hannovers Bürgern zum Wasser besteht bis heute.

Da ist beispielsweise die Dornröschenbrücke, die Linden mit der Nordstadt verbindet und am ersten Samstag im September stets zum Kriegsschauplatz wird: Dann treten nämlich beide Stadtteile in einer Gemüseschlacht gegeneinander an. Ein schmutziges Spektakel, das am Ende in einer gemeinsamen Party endet.

Ein paar Kilometer flussabwärts finden Naturfreunde, Badende und Pärchen viele versteckte Ecken. Das Wasser ist inzwischen wieder so sauber, dass Schwimmen kein Problem ist. Wenn es einem nichts ausmacht, auch mal Wildtieren wie Bibern zu begegnen.

Über viele Kilometer ziehen sich die Badestellen bis an den Stadtrand. Es sind gleichzeitig die Stellen in der Stadt, wo im Sommer am meisten Sonne zu sehen ist. Hier spürt man, wie die Menschen ihre Gewässer in den vergangenen Jahren wiederentdeckt haben – nachdem diese wegen der Industrie lange Zeit zu vergiftet zum Baden waren.

Gleichzeitig bieten die verlassenen Industriebrachen wie das Conti-Gelände ein überaus spektakuläres Bild, während man im kalten Nass seine Runden schwimmt.

---

45 DER TURM ZUR STADT

Seit Jahrhunderten markiert der Döhrener Turm die Grenze von Hannovers Innenstadt nach Süden. Der Wehrturm ist ein Ort voller Sagen und hat alle Widrigkeiten der Zeit überstanden. Heute nutzen Fledermäuse und Ausflügler den Turm. An seinem Fuß befindet sich einer der schönsten Biergärten der Stadt.

Jeder, der sich Hannovers Innenstadt mit dem Auto oder der Bahn von Süden aus nähert, muss an ihm vorbei. Stolz steht der Döhrener Turm zwischen den Fahrstreifen und den Gleisen der Stadtbahn.

1382 wurde der Turm fertiggebaut und markierte daraufhin so etwas wie die Grenze des hannoverschen Stadtgebiets zu dem südlich liegenden sogenannten Großen Freien, einer Ansammlung eigenständiger Siedlungen zwischen der heutigen Landeshauptstadt, der alten Domstadt Hildesheim im Süden sowie Peine im Osten. Jeder, der die alten Handelswege von Nord nach Süd über Hannover benutzte, kam notgedrungen auch hier vorbei.

Führungen durch den Döhrener Turm bietet der Verein der Freunde des Döhrener Turms an. Einfach eine E-Mail an doehrenerturm@googlemail.com schreiben.

Heutzutage ist der Turm vor allem für Ausflügler und Fahrradfahrer interessant. Er gilt als wichtige Landmarke und hat durch seine Lage eine besondere Bedeutung bei der Reise um die hannoversche Innenstadt.

Der Biergarten des Restaurants Vier Jahreszeiten am Döhrener Turm hat sich dabei als eines der schönsten Ausflugslokale in der Nähe der Innenstadt durchgesetzt.

Hier finden Gäste von April bis Oktober den perfekten Ort für ein gemütliches Bier nach Feierabend, dazu gibt es zünftige Speisen und entspannte Atmosphäre. Besonders im Sommer kann man dabei Wasserfledermäuse beobachten, die den Turm auf ihrer Route zwischen Eilenriede und Maschsee zum Rasten oder auch Überwintern nutzen. Der Biergarten des Vier Jahreszeiten hat montags bis samstags von 12 bis 24 Uhr und sonntags von 10 bis 24 Uhr geöffnet.

Döhrener Turm · 30519 Hannover

46 HANNOVERS TRAUM VOM MEER

Die Füße im Sand vergraben. Den Sonnenuntergang vom Liegestuhl beobachten. Einfach die Seele baumeln lassen. Auch das kann das Leben in Hannover sein. Die Beachbar Strandleben lädt zwischen Leine und Ihme zu kleinen Fluchten aus dem Alltag. Hier lässt sich der Sommer gut aushalten.

Um die Ecke wurde Anfang 2014 ein Waschbär gesehen. Süßes Tier, aber ganz schön anstrengend, wenn es darum geht, die Infrastruktur heil zu lassen. Denn Waschbären sind Natur, und wo sie jagen gehen, haben sie vorher schon ihr Revier markiert. Bei Bibern ist es genauso.

Dass man sich in Deutschland wieder an einen Fluss wie die Leine setzen kann, in ihm schwimmen kann, weil er sauber genug ist, und sich neben Ratten inzwischen auch viele andere Tiere unter Wasser und am Ufer an-

siedeln – das ist ein gutes Zeichen für die Umweltpolitik der vergangenen Jahrzehnte und der Siedlungspolitik Hannovers im Speziellen. Denn an der Stelle, wo sich Ihme und Leine verbinden, standen bis vor wenigen Jahrzehnten noch Fabriken, die hektoliterweise Gift ins Wasser leiteten. An dieser Stelle brachte der Fährmann die Menschen von der Calenberger Neustadt nach Linden. An Natur und seltene Tierarten war hier gar nicht zu denken.

Heute erinnert nur das Faust-Gelände auf der anderen Uferseite noch an die industrielle Vergangenheit. Dafür hat sich das Ihmen-Ufer in den vergangenen Jahren zu einem der beliebtesten Treffpunkte in den warmen Monaten entwickelt. Hier wird gegrillt, musiziert und einfach nur abgehangen. An der Spitze, dort, wo Leine und Ihme ineinanderfließen, dort hat sich mit dem Strandleben Hannovers wohl beste Beachbar etabliert. Kaltes Bier, kleine Snacks, frische Cocktails und entspannende Liegen sowie Sand zum Rumtollen – das Strandleben ist nicht nur nach Feierabend der ideale Ort für ein gemütliches Ausklingen des Tages. Und vielleicht sagt auch einer der Waschbären Hallo.

Strandleben · Mo–So 14–24 Uhr (bei gutem Wetter) · Weddigenufer 29 · 30167 Hannover
www.spandauprojekt.de

ZUSAMMEN STRAMPELN

Keine Lust auf den üblichen Betriebsausflug oder einen Junggesellenabschied, bei dem der Bräutigam verkleidet durch die Innenstadt gejagt wird? Eine Tour mit einem Conference-Bike durch Hannover ist eine schöne Alternative. Bis zu neun Menschen passen auf so ein Fahrrad, und eine Zapfanlage kann man auch noch anschließen.

Zusammen Fahrrad fahren kann ganz schön anstrengend sein. Immer will einer voranfahren, und selten findet man gemeinsam die passende Geschwindigkeit für alle. Dabei ist eine Fahrradtour durch Hannover oder durch die Region eine tolle Alternative zu den üblichen Ausflügen mit den Kollegen oder Freunden. Mit den Conference-Bikes der hannoverschen Firma Velo.Saliko wird so eine Fahrt jedoch zu einer tollen gemeinsamen Erfahrung.

Bis zu neun Personen gleichzeitig können auf diesen ungewöhnlichen Rädern strampeln – und das unabhängig von der Fitness des Einzelnen. Schließlich fährt man ja gemeinsam und unterstützt einander so beim Strampeln.

Die Fahrer sitzen dabei einander gegenüber und treten in die Pedale. Einer steuert, die anderen genießen derweil die Aussicht und können entspannt miteinander quatschen, während sie an den Sehenswürdigkeiten entlang fahren.

Wer auf so einer Tour trotzdem nicht auf ein gekühltes Bier verzichten möchte, für den gibt es Fahrradmodelle, bei denen man eine Bierzapfanlage anschließen kann. Besonders auf Junggesellenabschieden ist das Conference-Bike deshalb sehr beliebt. Doch natürlich muss der Steuermann nüchtern bleiben, sonst gibt es Ärger mit der Polizei.

Was viele selbst in Hannover nicht wissen: Diese Fahrräder wurden in den Niederlanden erfunden, werden aber im hannoverschen Stadtteil Linden entwickelt und produziert.

Mieten kann man die Conference-Bikes am besten bei Team Bike Hannover. Besonders an den Wochenenden im Sommer lohnt sich eine Reservierung viele Wochen vorher. Die ungewöhnlichen Fahrräder sind sehr beliebt und schnell ausgebucht.

Team Bike Hannover · 60–75 Euro pro Stunde · Tel. 0511 / 58 65 95 36 · www.teambike.de

48 BILDUNG UND BLECHKUCHEN

Die Naturfreunde kümmern sich seit Ende des 19. Jahrhunderts darum, dass Kinder, Jugendliche und Erwachsene aus den Städten einen Bezug zur Natur und ihrer Umwelt bekommen. Dazu gehören Wanderungen, Bildungsprogramme, gemeinsames Kochen und natürlich auch viele Stunden am Lagerfeuer.

Die Großstädte Europas sahen Ende des 19. Jahrhunderts oftmals trostlos aus. Durch die Industrialisierung waren sie geprägt von uniformen Häuserblocks und riesigen Fabriken mit hohen Schornsteinen. Die Luft war voller Ruß und die Flüsse dreckig und teilweise auch verseucht.

Zahlreiche Gruppen machten es sich zu dieser Zeit zur Aufgabe, die Menschen aus den Städten zu holen und ihnen zu zeigen, dass es da noch mehr gab. Die Naturfreunde bringen bis heute Kinder, Jugendliche und Erwachsene aufs Land und prägen mit sanftem Tourismus, Kultur-, Sport- und Bildungsangeboten manche Menschen für immer.

Zahlreiche Zentren und Gästehäuser in aller Welt stehen dabei für Interessierte offen. Auch in der Region Hannover gibt es eines, das immer einen Besuch wert ist. Es soll zwar Menschen geben, die nur wegen des leckeren selbst gebackenen Kuchens zum Naturfreundehaus nach Grafhorn kommen. Dabei bietet das Team zahlreiche interessante Seminare, Wanderungen und Workshops aus den Bereichen Natur, Bildung und Nachhaltigkeit an und das in einer unvergleichlich rustikalen Atmosphäre.

Die Herberge im Nordosten der Region ist dabei nicht nur ein Tipp für Naturfreunde, hier treffen sich Fahrradgruppen auf ihren Touren, machen Reiter eine kleine Pause, werden Fackelwanderungen geplant oder einfach nur die schöne Natur genossen. Denn dazu eignet sich das Gelände besonders gut.

Und wer Lust hat, nach einem rustikalen Mahl zu bleiben, der kann in einem der Zimmer übernachten. Die Räume sind einfach eingerichtet, aber sauber und komfortabel.

Naturfreundehaus Grafhorn · Mo–So 9–20 Uhr (Sommer), Mo–So 11–17 Uhr (Winter)
Zum Grafhorn 30 · 31275 Lehrte · Tel. 05175/931 50 · www.grafhorn.de

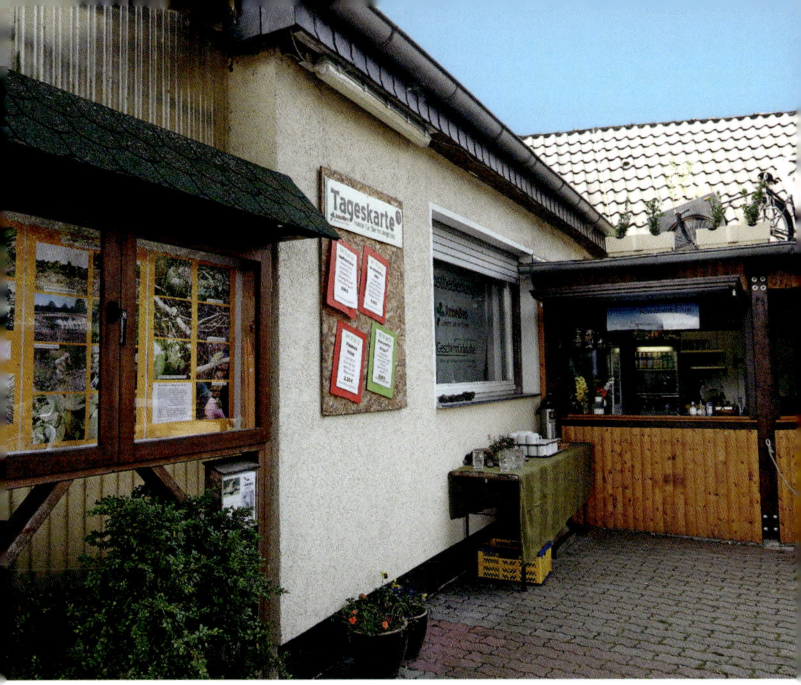
Tageskarte

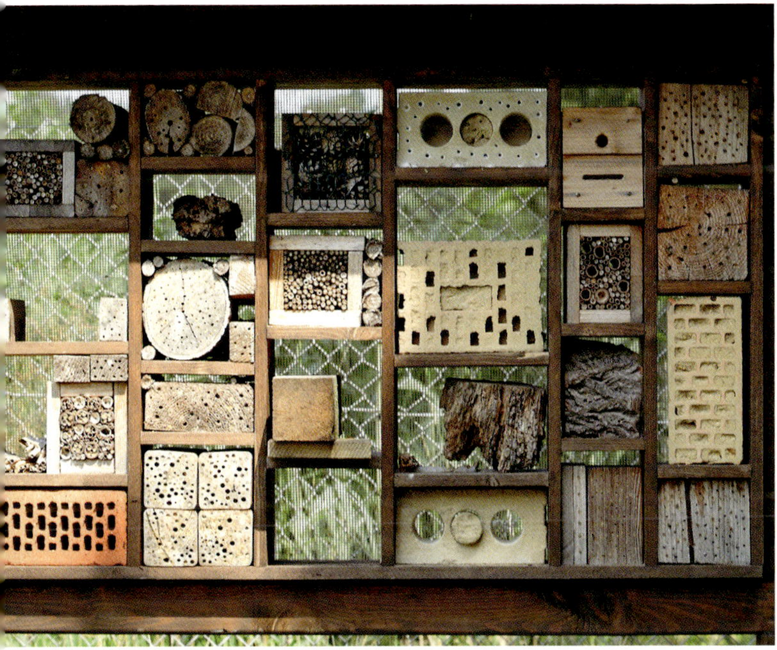

Leine welle

SURFER-GLÜCK IN DER ALTSTADT

Mit viel Herzblut und Durchhaltevermögen transformiert eine Gruppe von Wellenreitern die Leine zu einem Surfer-Paradies: Mit der Leinewelle bekommt Hannovers Innenstadt an einem geschichtsträchtigen Ort ab Mitte 2022 eine unvergleichliche Attraktion.

Auf alten Postkarten sieht Hannovers Zentrum aus wie eine Stadt aus einer ganz anderen Welt: Die Leineinsel, in direkter Nähe zum Schloss und heutigen niedersächsischen Landtag, war bis zur Zerstörung im Zweiten Weltkrieg ein Kleinod aus Fachwerkhäusern, bebauten Brücken und einer natürlichen Pferdetränke. Die Menschen lebten am und überm Wasser.

Hier, wo Hannover einmal gegründet wurde, lässt sich gut ablesen, wie radikal die Veränderung einer Stadt sein kann. Denn die Leineinsel ist inzwischen verschwunden. Dort, wo früher Menschen lebten, führt heute mit dem Cityring eine viel befahrene Straße entlang, und in der Leine, früher ein Gewässer, das außer Fischern nicht viele Menschen interessierte, entsteht ein Zentrum der norddeutschen Wellenreiter-Szene.

Die Leinewelle, eine stehende Surfer-Welle mitten im Fluss, wurde mit viel Herzblut, großer Leidenschaft und unzähligen Stunden Planungsarbeit von einer privaten Initiative entwickelt. Der Bau begann im Frühjahr 2021, Fertigstellung ist Mitte 2022 geplant. Dann können Surfer, wie am Eisbach in München, waghalsige Manöver durchführen.

Doch auch für Zuschauer lohnt sich der Besuch der Welle an der Leintorbrücke. In direkter Nähe gibt es einige Möglichkeiten, sich ein Getränk oder Eis auf die Hand zu holen und den Surfern bei ihren zum Teil akrobatischen Kurven zuzuschauen. Oder man bucht direkt einen Tisch in einem der angrenzenden Restaurants und beobachtet das Treiben gemütlich bei Speis und Trank.

Schon jetzt sind sich viele einig: Die Leinewelle wird die Innenstadt positiv verändern. Denn auf und an Hannovers Flüssen ist zu spüren, welche Liebe die Menschen hier zu ihren Gewässern haben.

Leinewelle · Leintorbrücke · 30159 Hannover · www.leinewelle.de

50 GOLD IST BESSER ALS PAPIER

In der Niedersächsischen Landesbibliothek lagert ein über 250 Jahre alter Brief aus Gold. Er wurde damals vom Herrscher Birmas an den König von Hannover und England, Georg II., geschickt. Das Artefakt ist nicht nur für Kunstgeschichtler interessant, es repräsentiert auch die Verbindung zwischen Hannover und England.

Wegen seines Wetters wird Hannover gerne auch mal das England Norddeutschlands genannt. Dass es hier öfter regnet, nehmen die Bewohner schulterzuckend zur Kenntnis, so wie die Briten eben. Doch Hannover verbindet mehr mit England als die stoische Haltung gegenüber einem bisschen Wasser vom Himmel.

Für eine lange Zeit waren beide Regionen sogar auf königlicher Ebene miteinander verbunden. Vor 300 Jahren wurde mit Georg I. ein Hannoveraner König von England. 2014 wurde das Jubiläum dieser Personalunion ausgiebig gefeiert. Denn der gegenseitige Austausch brachte beiden Seiten zahlreiche Fortschritte. Und das ist der Grund, warum in der Niedersächsischen Landesbibliothek an der Waterloostraße einer der wertvollsten Briefe der Welt ausgestellt ist. Am 7. Mai 1756 schrieb der birmanische König Alaungphaya an Georg II. und schlug eine Handelsallianz vor. England war zu der Zeit ein globales Imperium, der kleine asiatische Staat erhoffte sich dadurch Wohlstand, und vor allem wollte man der Kolonialisierung entgehen.

Der Brief ist ein wichtiges Dokument, um die frühe Entwicklung der Globalisierung zu erforschen. Aber auch das Material, auf dem er verfasst wurde, ist eine Sensation: Denn der Brief besteht aus purem Gold.

Dass das Dokument in Hannover ausgestellt ist, gleicht einem Wunder. Denn für rund 250 Jahre war der Goldene Brief nahezu vergessen. Erst 2007 fingen Wissenschaftler an, die Hintergründe zu erforschen, und brachten die geschichtliche und handwerkliche Bedeutung des Briefs hervor. Seit 2011 lässt sich dieses besondere Schriftstück in der Niedersächsischen Landesbibliothek bewundern.

Gottfried Wilhelm Leibniz Bibliothek – Niedersächsische Landesbibliothek · Mo 9–18, Di–Fr 10–18 Uhr · Waterloostraße 8 · 30169 Hannover · Tel. 0511 / 1 26 70 · www.gwlb.de

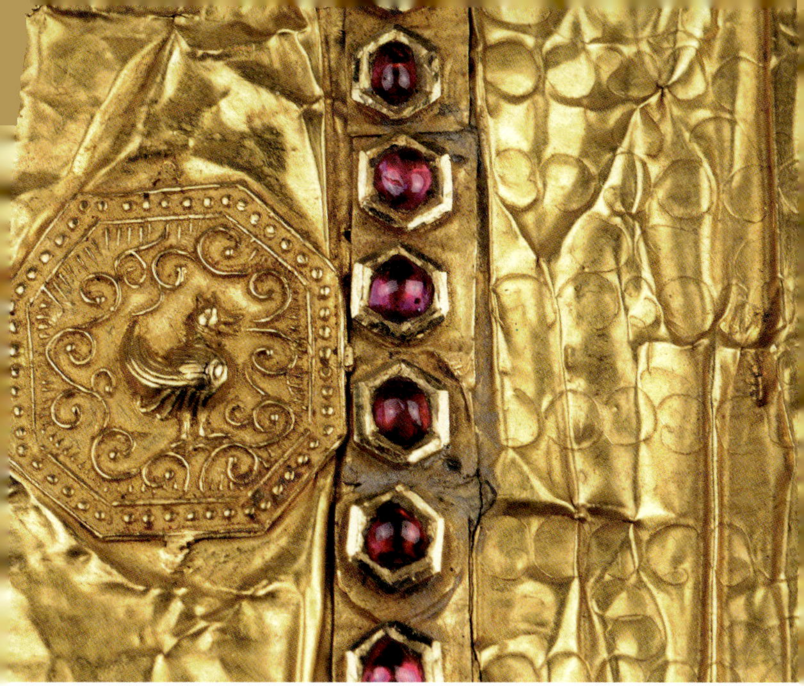

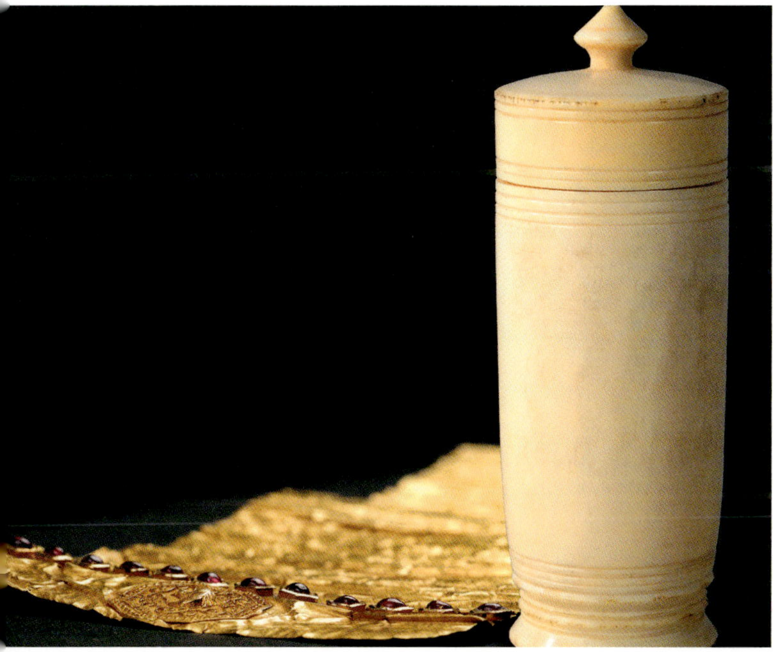

51 THEATER FÜR KINDER

Der Vorhang geht auf, und das Publikum wird verzaubert. Die Welt des Theaters hat schon so manches Kind mit auf eine fantastische Reise genommen. Das Kindertheaterhaus mischt dieses Gefühl mit moderner Pädagogik. Im Fokus des Teams stehen dabei Erzählungen über das Menschsein mit all seinen Höhen und Tiefen.

Oh, wie Kinder staunen können, wenn sie zum ersten Mal im Theater sind und all die Aktionen und das bunte Treiben auf der Bühne bestaunen können. Mit den Schauspielern, die so tun, als wären sie eine andere Person. Mit der Musik, dem Licht, den bunten Kostümen und Bühnenbildern, der Ausstattung. Und am Schluss fällt dann noch ein Vorhang. Wie traurig sind dann manche, wenn es wieder in die richtige Welt zurückgeht.

Es ist eine Freude, Kindern dabei zuzusehen, wie sie die fantastische Welt des Theaters für sich entdecken. Diese Freude bringt seit vielen Jahren das Klecks-Theater in die Herzen der jungen und alten Hannoveraner.

Die Stücke werden dabei danach ausgewählt, dass sie vom Menschsein erzählen – mit all seinen Höhen und Tiefen –, den schönen Momenten wie der Liebe, aber auch traurigen Situationen wie einem Abschied. »So tun als ob« ist dabei einer der Leitsprüche für das Theater. Aber er bezieht sich sicher nicht auf die schauspielerische Leistung des Ensembles, denn hier arbeiten Profis.

Das Repertoire besteht derzeit aus rund 14 Stücken für Kinder zwischen drei und zwölf Jahren. Das können Klassiker sein wie Janoschs »Oh, wie schön ist Panama« oder auch Stücke, die im Rahmen von Workshops oder Arbeitsgemeinschaften gemeinsam mit Schulkassen erarbeitet und aufgeführt werden. Ein weiterer wichtiger Bereich des Theaters ist nämlich die Pädagogik: In zahlreichen Projekten wird Kindern und Jugendlichen die künstlerische, aber auch die handwerkliche Seite des Theaters nähergebracht. Und wer weiß: Vielleicht tauscht einer der Theaterschüler die Seiten und steht irgendwann auch selbst auf der Bühne als Schauspieler.

Kindertheaterhaus · Im Alten Magazin · Kestnerstraße 18 · 30159 Hannover
Tel. 0511 / 81 69 81 · www.kindertheaterhaus-hannover.de

DIE ZAUBERHAFTE KUNSTGROTTE

Mit der französischen Künstlerin Niki de Saint Phalle verband Hannover eine jahrzehntelange Freundschaft. Ihre Nanas am Rande der Innenstadt sind zu einem beliebten Fotomotiv geworden. Doch viele sehen in der neu gestalteten Grotte im Großen Garten in Herrenhausen ihr wahres Geschenk an die Stadt.

Eigentlich war es ein Skandal, wie lange die Grotte im Nordwesten des Großen Gartens in Herrenhausen ignoriert wurde. 1676 als Ort der künstlerischen Verzauberung und zum Abkühlen im Sommer gebaut, wurde die Höhle nach dem Krieg über Jahrzehnte nur als Lagerraum genutzt. Sie war baufällig geworden, die Bausubstanz marode, und nur wenig erinnerte an die Pracht, mit der sie einst die Fürsten verzauberte.

Doch zur Expo2000 wurde das anders: Die in Hannover äußerst beliebte Künstlerin Niki de Saint Phalle nahm sich der Grotte an und holte sie mit einem aufwendigen Verfahren und vielen Helfern wieder aus ihrem Schlaf. Das Ergebnis kann sich sehen lassen.

Damit die drei Räume im Untergrund überhaupt wieder genutzt und restauriert werden konnten, mussten sie über Monate trockengelegt werden. Zu viel Feuchtigkeit war in all den Jahren hier eingedrungen. Die Wände und Decken wurden währenddessen in Frankreich aufwendig restauriert und schließlich wieder angebracht. Als die Grotte dann schließlich eröffnet wurde, zeigte sie sich wie einst: als ein nahezu unwirklicher Ort.

Das Leitthema der künstlerischen Darstellungen in der Höhle ist »Das Leben des Menschen«. Dies wird in zahlreichen Mosaiken aus buntem Glas und Spiegeln, mit Kieseln und zahlreichen bemalten, plastischen Figuren thematisiert und spielerisch dargeboten. Es ist romantisch, äußerst bunt und wird dem ursprünglichen Zweck der Grotte wieder mehr als gerecht.

Die Grotte von Niki de Saint Phalle spendet gerade im Sommer eine erfrischende Kühle, lädt aber auch darüber hinaus zu einer zauberhaften Reise in den Untergrund ein.

Niki-de-Saint-Phalle-Grotte · Mo–So 9–19.30 Uhr · 8 Euro · Herrenhäuser Straße 4
30419 Hannover · www.hannover.de/Herrenhausen

53 BEWEGENDE BILDER, NICHT NUR FÜR KINDER

In der Pädagogik wird das Genre des Bilderbuchkinos seit Jahren erforscht und auf seine Vermittlung von Sprache, bildlicher Vorstellungskraft und Förderung der Kreativität bei den Kindern hin analysiert. Es ist aber auch einfach nur zauberhaft und begeistert Jung und Alt.

Kinder lieben es, wenn man ihnen vorliest. Gebannt hören sie dann zu, wie die Charaktere aus den Büchern wilde, spannende und emotionale Geschichten erleben – seien es Abenteuer oder Liebesgeschichten. Kombiniert man jetzt noch diese Vorlesestunden mit Bildern, gibt es wohl wenige Menschen, ob jung oder alt, die sich diesem Zauber entziehen können.

Seit einigen Jahren sind solche Bilderbuchkinos äußerst beliebt in Schulen, Kindergärten und bei Kindergeburtstagen. Denn was ist besser als vorlesen? Richtig, vorlesen und ansprechende Bilder zeigen.

> In allen Stadtbibliotheken gibt es auch ein Rahmenprogramm für Erwachsene. Ein regelmäßiger Blick auf die Internetseite der Stadt Hannover lohnt sich.

Auch in Hannover hat sich dieses Genre an zahlreichen Einrichtungen als pädagogisch wertvolles Medienkonzept durchgesetzt. In nahezu allen Stadtbibliotheken finden deshalb seit Jahren regelmäßige Bilderbuchkinos extra für Kinder statt. Einmal in der Woche kommt dann speziell geschultes Personal, das die Kleinen mitnimmt auf eine Reise in fantastische Welten. Spannende Geschichten, tolle Märchen und lustige Fabeln laden dann ein zum Träumen und werden zu Hause ganz aufgeregt weitererzählt.

Das freut nicht nur die Kinder ab drei Jahren, für die das Angebot gedacht ist. Auch die Erwachsenen sitzen dann mucksmäuschenstill und hören zu, wenn wieder einmal erzählt und gezeigt wird.

Die Reihe findet nur außerhalb der Ferien abwechselnd in den unterschiedlichen Stadtbibliotheken statt. Der Eintritt ist frei, die Termine finden sich auf der Website.

Bilderbuchkino in den Stadtbibliotheken · www.hannover.de

54 GUT UNTERWEGS

Konzerte in alten Kirchen, Partys in leeren Lagerhallen, Theater im Kraftwerk – der Verein Gut e. V. kümmert sich in Hannover um bunte Kultur und findet immer wieder die abgefahrensten Orte zum Feiern. Dabei verbindet das Team die Liebe zum Feiern mit einer kritischen Haltung und schafft so immer wieder Freiräume in der Stadt.

Angefangen hat alles mit den Partys in einem Wohnzimmer am Schwarzen Bären. Damals lud die Theatermacherin Iyabo Kaczmarek Freunde und nette Leute ein und feierte die wildesten Feten mitten in einem Wohnhaus. Die Abende wurden legendär und zeigten den Menschen in Hannover, dass es noch mehr gibt, als in die üblichen Klubs oder Bars zu gehen und sich darüber zu beschweren, dass die Musik nicht passt oder die Menschen so unentspannt sind.

Das Team um den Gut e.V. zeigte, wie man mit einer gehörigen Portion Mut und einer Do-It-Yourself-Einstellung tolle Kultur machen kann. Diverse Umzüge und zahlreiche Projekte später ist die Gruppe um Kaczmarek aus der hannoverschen Kreativszene nicht mehr wegzudenken. Sie kümmert sich um die Fête de la Musique – immerhin nach Berlin die größte in Deutschland. Sie organisiert Sommerkonzerte in der Aegidienkirche, Theater im Kraftwerk Herrenhausen und immer wieder Partys und Konzerte an zahlreichen Off-Locations. Dabei schafft es der Verein, aus scheinbar toten Gebäuden wenigstens für ein paar Stunden Freiräume zu machen. »Wir möchten gerne Orte der Begegnungen schaffen«, sagt Kaczmarek über die Arbeit der Gruppe. »Es geht uns darum, eine bunt gemischte Plattform zu haben, die nicht gewinnorientiert ist und bei der sich viele Menschen wohlfühlen.« Und es stimmt: Die Partys sind immer entspannt, die Musik zwingt einen zum Tanzen, die Getränkepreise sind günstig und die Menschen offen und gut gelaunt.

Der Verein hat sich so über die Jahre den Ruf einer Kulturkarawane erarbeitet, die von Ort zu Ort zieht und immer wieder eine Duftmarke hinterlässt.

Gut e.V. · www.gut-ev.net

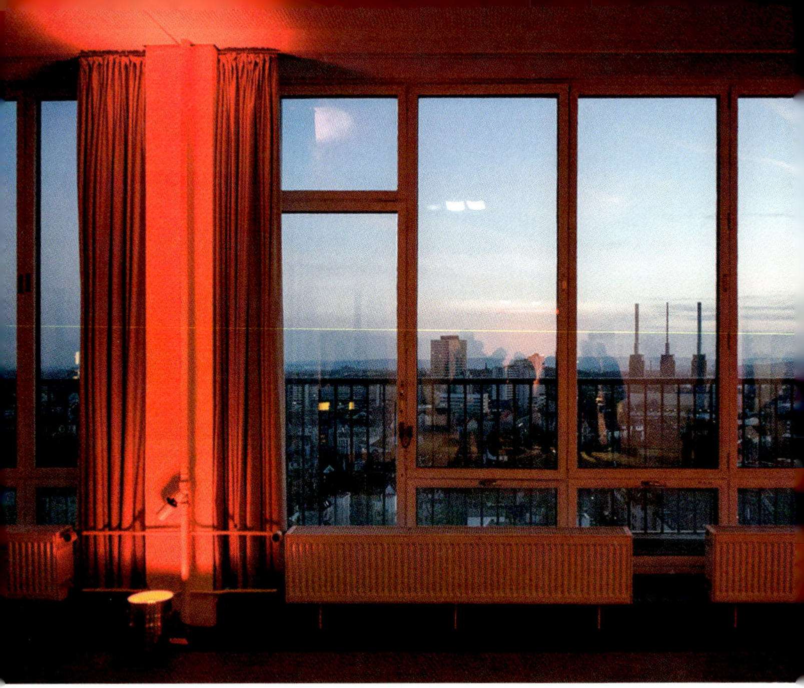

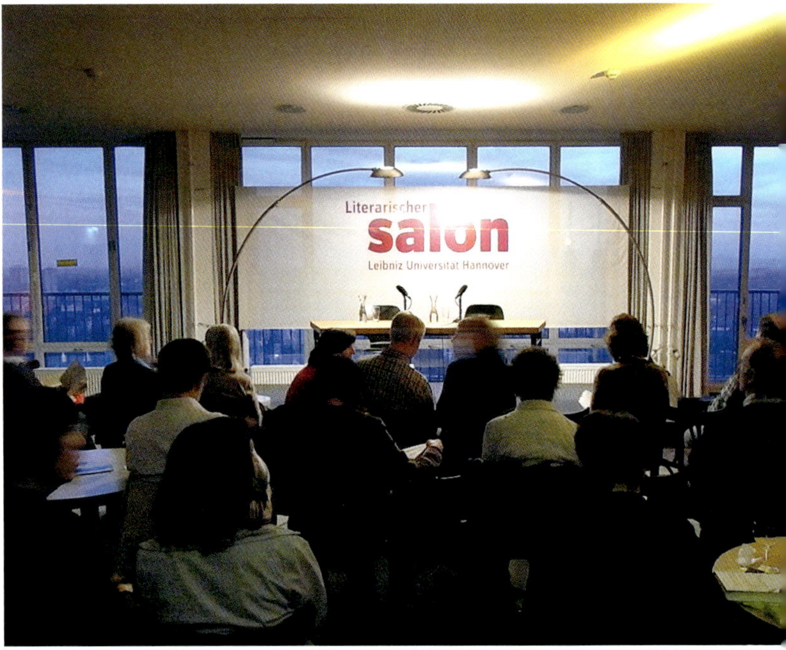
Literarischer
salon
Leibniz Universität Hannover

LITERATUR ÜBER DEN DÄCHERN DER STADT

Der Literarische Salon entführt seit Jahren mit seinem Programm auf poetische Reisen und gleichzeitig über die Dächer der Stadt. Die Lesungen finden im 14. Stock des Uni-Hochhauses statt. Während bekannte Autorinnen und Autoren aus ihren Büchern lesen, können die Zuhörer ihren Blick über die Stadt schweifen lassen.

Von hier oben lässt sich Hannover gut überblicken. Der Deister im Süden, der Flughafen im Norden, dazwischen die zahlreichen Türme, Hochhäuser und Antennen, die der Stadt ihr Aussehen verschaffen und ihr eine Skyline geben.

Vom 14. Stock des Hochhauses auf dem Conti-Campus sieht Hannover wie eine pulsierende Großstadt aus – ruhelos, lebendig, bunt. So wie die Autorinnen und Autoren, die das Team des Literarischen Salons hier seit vielen Jahren auftreten lässt. Ob Streitbare wie Martin Walser, Durchstarter wie Saša Stanišic oder Intellektuelle wie Dietmar Dath – die Auswahl ist aktuell, gut informiert und scheint zu den Debatten in den deutschen Feuilletons eine perfekte Ergänzung zu sein. Wenn ein Buch in einer Saison Grund zur Diskussion gibt, dann haben die Macher des Literarischen Salons mit ziemlicher Sicherheit bereits den Verfasser für eine Lesung gebucht. Dabei sind die Abende immer eine respektvolle Huldigung an die Literatur selbst, aber gleichzeitig auch humorvoll, denn der Genuss von Literatur ist den Machern und den Gästen wichtiger als nur die leere Pose.

Moderiert werden die Lesungen immer von fachkundigen Experten aus der Region oder aus ganz Deutschland. Die Lesungen werden so oftmals durch spannende Diskussionen auf der Bühne und später an der Bar ergänzt. Hier treffen sich Literaturliebhaber, um gemeinsam ihre Leidenschaft auszudiskutieren. Denn was gibt es Schöneres, als intelligenten Menschen zuzuhören und dazu einen guten Rotwein zu trinken? Währenddessen wuselt die Stadt, viele Meter tiefer, weiter. Ein angemessener Rahmen für Kultur.

Literarischer Salon · Königsworther Platz 1 · 30167 Hannover
www.literarischer-salon.uni-hannover.de

56 TREPPE ZUM GLÜCK

Es ist ohne Frage Hannovers schönstes Treppenhaus: Die Cumberlandsche Galerie ist Disko, modernes Theater und Museum zugleich. Der beeindruckende Bau im Stil der Weserrenaissance verzaubert die Gäste und ist wohl der heimliche Star der wilden Abende, die hier schon mal gefeiert werden.

Hannovers bekanntestes Treppenhaus wirkt von außen ein wenig schroff. Die Eingangstür zur Disko in der Cumberlandschen Galerie liegt leicht versteckt im Hof des Schauspielhauses. Betritt man den Raum jedoch, wird man sofort verzaubert: verspielte gusseiserne Geländer, Wand- und Deckenverzierungen und eine Höhe wie für Könige gemacht. Dabei wurde die Galerie als Teil der Erweiterung des Museums für Wissenschaft und Kunst zwischen 1883 und 1886 gebaut. Der Herzog von Cumberland gab ihr seinen Namen, da dort überwiegend welfische Kunstschätze gezeigt werden sollten.

Innerhalb der Saison wird hier die Montagsbar organisiert: Kleine Konzerte, kurze Theaterstücke oder nur ein entspanntes Feierabendbier locken zum Abhängen in dem Treppenhaus.

Doch das Museum erlitt im Zweiten Weltkrieg dasselbe Schicksal wie die Innenstadt Hannovers und wurde größtenteils zerstört: Das Treppenhaus jedoch ist geblieben und heute Teil des Schauspielhauses direkt nebenan. Daher wird es auch immer wieder zum Theater selbst. Die Zuschauer sitzen dabei entweder auf den Treppenstufen, oder aber die Schauspieler machen den Aufgang zum Set. So entsteht eine ungewöhnliche Atmosphäre, die in Hannover einzigartig ist und perfekt zu den vorwiegend modernen Stücken passt.

Die Klubabende sind bestimmt von liebevoll ausgewählter Musik aus dem Elektronik-, Jazz- und Loungebereich. Hier treffen sich die jungen Ärzte, Architekten und Kreativen, um bei gut gemixten Cocktails das Wochenende einzuläuten. Immer wieder sind auch international bekannte DJs zu Gast. Doch egal welche Besucher sich in den Räumen tummeln, der Star bleibt immer noch das Treppenhaus selbst.

Cumberlandsche Galerie · Prinzenstraße 9 · 30159 Hannover · www.staatstheater-hannover.de

Augen lid
Iris
Horn haut
Pupille
Linse
Blinder Fleck
Netzhaut
Muskel

DAS MUSEUM
ZUM MITMACHEN

Kinder erleben Museen anders als Erwachsene. Anstatt nur Ausstellungsstücke anzuschauen, wollen sie ausprobieren, mitmachen und so Neues lernen. Ein hoher Anspruch für Museumspädagogen. Das Kindermuseum Zinnober in Linden will genau das mit seinen interaktiven Ausstellungen erfüllen.

Wer nicht fragt, bleibt dumm. Wie wahr das Motto der Sesamstraße ist, das wissen Jung und Alt seit Langem. Doch viele Museen schaffen es nicht, dies zu verinnerlichen und bieten ihren jüngeren Besuchern nur wenige Angebote, um sich interaktiv Themen zu erarbeiten und Neues zu lernen. Das ist schade, denn Kinder wollen doch lernen und ausprobieren, und eigentlich sollte das Museum genau der richtige Ort für solche Entdeckungsreisen sein.

Die Macher des Kindermuseums Zinnober dagegen wollen diesen Anspruch erfüllen und bieten deshalb ein für Hannover einmaliges Konzept an. Im Zentrum des Ausstellungsortes steht klar das kindliche Staunen und Lernen.

Dabei sah es lange so aus, als würde das Museum nie Realität werden: Seit 2001 hat das Team an unterschiedlichen Orten in Hannover Ausstellungen geplant. Erst seit April 2014 gibt es einen festen Standort: In einer ehemaligen Werkskantine in Hannover-Linden ist jetzt genug Fläche für Ausstellungen und Begegnungen. Den Organisatoren ist dabei das Mitmachen ausgesprochen wichtig. Kinder werden ermutigt, auf den rund 300 Quadratmetern selbst auszuprobieren und wundernd zu lernen.

Neben den wechselnden Ausstellungen bietet das Team in dem barrierefreien Museum auch regelmäßige Seminare und Ferienprogramme zu den unterschiedlichen Themen an. So entstehen auch neue Ausstellungsstücke und -konzepte. Schließlich sollen die Kinder mit daran arbeiten, dass das Museum auch für die kommenden Generationen spannend bleibt.

Kindermuseum Zinnober · Mo–Fr 9–17, Sa nur nach Absprache, So 11–17 Uhr · 4 Euro
Badenstedter Straße 48 · 30453 Hannover · Tel. 0511 / 89 73 34 66
www.kindermuseum-hannover.de

58 INDUSTRIE UND CHARME

Einst probte hier die hannoversche Musikszene, um sich auf ihre zahlreichen Tourneen durch die Welt vorzubereiten. Dann lag die alte Fabrik auf dem Helmkehof lange brach. Inzwischen ist das Gelände das kreative Zentrum in Hainholz und ein gutes Beispiel für die gelungene Aufwertung von alten Industriebrachen.

Hainholz hat eine bewegte Geschichte hinter sich. Der Stadtteil zwischen den Eisenbahngleisen im Süden und dem Gewerbegebiet im Norden war lange Zeit Arbeiterviertel. Im Zweiten Weltkrieg wurde hier vieles zerstört, heute verbinden viele Menschen Hainholz nur mit Armut und Kriminalität. Sicher, das Viertel hat bessere Zeiten gesehen, doch wird es seit einigen Jahren radikal umgebaut und aufgewertet. Ein Symbol dieses Wandels ist der Helmkehof.

1889 als Gummiwarenfabrik gegründet, stand das Gelände nach dem Krieg jahrelang leer und verfiel. Als die Rock- und Punkszene in Hannover in den 1980er-Jahren explodierte, erkannten die Musiker das Potenzial des Gebäudes und richteten sich ihre Proberäume darin ein. Die Scorpions, immerhin Hannovers erfolgreichster Kulturexport, muckten hier bis 1992: Es ist die Zeit, als die Band durch die ganze Welt tourt.

Nach dieser Blütezeit stand das Gelände dann wieder einige Zeit leer, bis es nach der Jahrtausendwende wieder von Kreativen entdeckt wurde, die hier Kunst machten und wohnten. 2012 kam dann die große Renovierung, der Helmkehof wurde behutsam saniert, der Industriecharme ging dabei nicht verloren. Es entstanden Werkstätten, Übungsräume, Veranstaltungssäle, Ateliers.

Inzwischen ist er das kreative Zentrum von Hainholz. Unten wird wieder gekickert – oder gekrökelt, wie man in Hannover sagt.

Ein paar Meter weiter entsteht die Mode von morgen. Die beiden Designerinnen des Labels »Superfashionrainbowcamp« machen per Upcycling aus alten Hemden neue, hochwertige Kleider. Der Helmkehof ist so zu einer Metapher geworden für das Potenzial eines ganzen Stadtteils.

Helmkehof · Rehagen 8 · 30173 Hannover · www.helmkehof.de

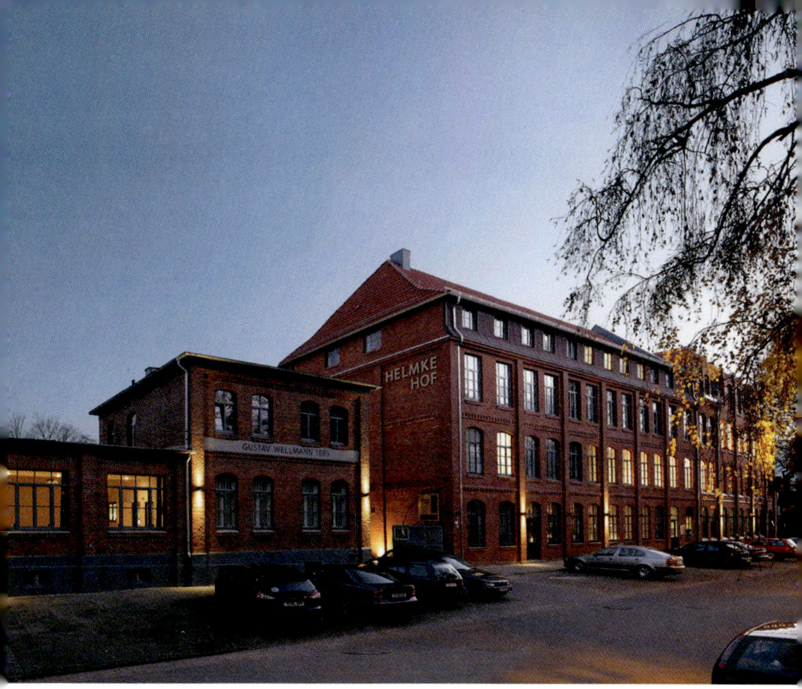
HELMKE
HOF
GUSTAV WELLMANN 1882

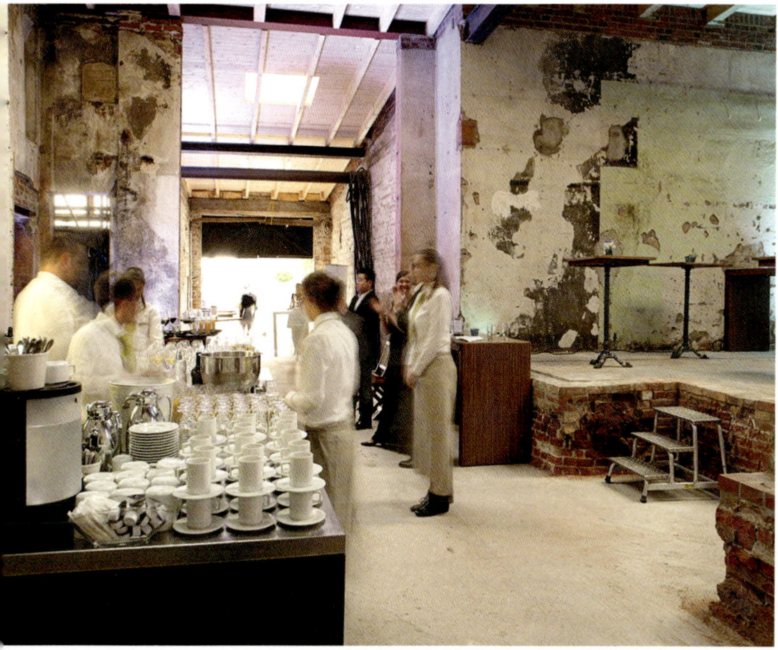

FILME FÜRS HERZ UND FÜR DEN KOPF

Das Kino im Sprengel ist Hannovers wohl ambitioniertestes Programmlichtspielhaus. Vom Stummfilmklassiker über die politische Dokumentation bis zum asiatischen Drama – von Punks gegründet finden Zuschauer im Kino im Sprengel wahre Perlen des internationalen Kinos in einer entspannten Atmosphäre.

Durchgelegene Sofas und alte Kinoklappsessel. Nach dem Eintritt ins Kino im Sprengel fühlen sich Fans von Blockbusterkinos sicherlich ein wenig in die Vergangenheit versetzt. Doch der Charme dieses Programmkinos erfasst jeden Besucher bereits nach wenigen Minuten. Denn alt und konservativ ist es hier eben nicht. Das zeigt allein schon die entspannte Stimmung an der Kasse und hinter dem Projektor, dessen Bediener man als Gast gut beobachten kann.

Auch das Programm des Kinos im Sprengel ist ein wohltuender Kontrast zum manchmal stromlinienförmigen Filmemachen Hollywoods. Hier werden keine Wiederholungen von Superheldenfilmen gezeigt, dafür lieber Programmkino aus der ganzen Welt.

Romantische Dramen aus Südamerika, Dokumentationen aus Asien, Musikfilme aus Afrika – mit viel Fingerspitzengefühl scheint sich das Team durch das breite Angebot zu wühlen und immer wieder die Perlen herauszusuchen. Viele unabhängige Streifen, die es auf Filmfestivals zu großer Aufmerksamkeit bringen, sind schon Monate vorher für das Kino im Sprengel fest eingebucht. Dazu kommen immer wieder große Überraschungen. Für einen entspannten und gleichzeitig anregenden Filmabend beim Bier ist das Kino im Sprengel das perfekte Ziel. Und bei einem Getränk und einer Zigarette lässt sich mit den freundlichen Mitarbeitern des Kinos auch entspannt über die bewegende Geschichte des Geländes sprechen. Hier wurde mit Protest ein eigenes kleines Reich für alternative Lebenskulturen entwickelt, das inzwischen auch die Stadtverwaltung Hannovers selbst nicht mehr missen mag.

Kino im Sprengel · Klaus-Müller-Kilian-Weg 2 · 30167 Hannover
Tel. 0511 / 70 38 14 · www.kino-im-sprengel.de

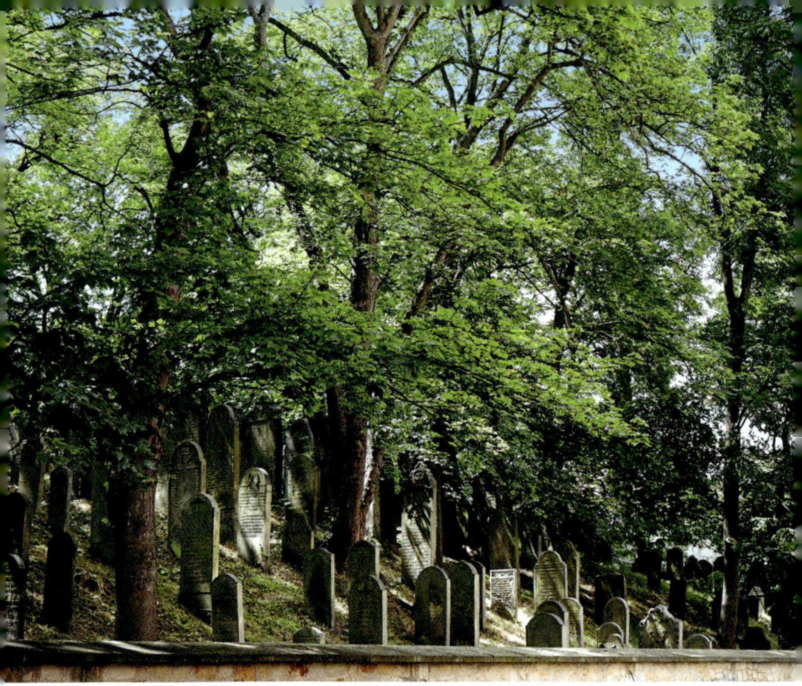

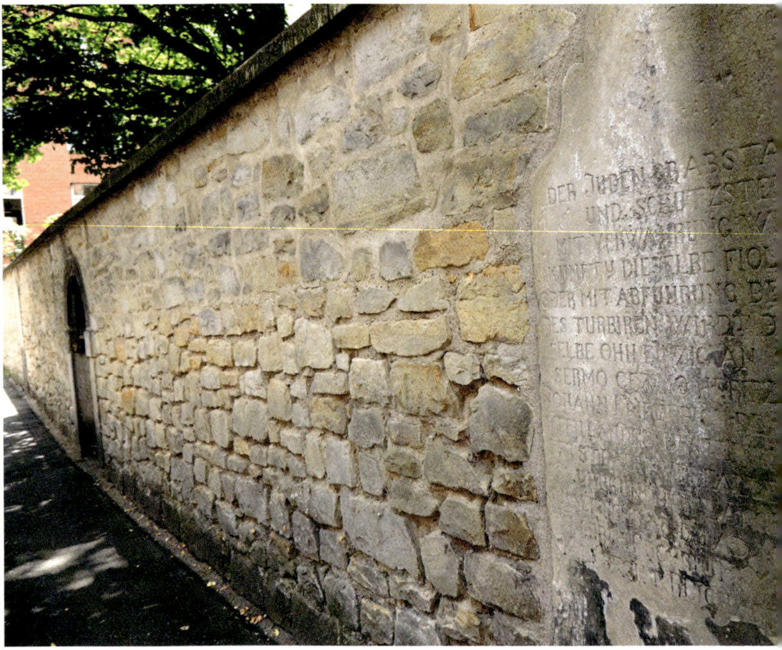
DER JUDEN
UND
MIT ABFUHRUNG
TURBIREN

DER FRIEDHOF
AUF DER DÜNE

Der Judenfriedhof in der Nordstadt wirkt wie ein Ort aus einem Märchen. Der alte Friedhof ragt nämlich zwischen den Wohnhäusern drum herum steil empor. Dieser kleine Berg mitten in der Stadt ist dabei eine geologische Besonderheit: Er ist eine Düne, wie es sie früher in Hannover öfter gab.

Man geht durch die kleine Pforte in der Mauer und ist sofort verzaubert und wie in einer eigenen Welt. Der alte jüdische Friedhof zwischen Oberstraße und Judenkirchhof in der Nordstadt wirkt wie aus einer vergangenen Zeit. Alte Grabsteine ragen steil empor. Bäume bedecken den Hügel mit ihren breiten Ästen. Sanft bedeckt Gras den Hügel, der für sich genommen schon etwas ganz Besonderes ist: Mitten in der Stadt ragt er viele Meter empor. Die Jugendstilhäuser wurden einfach drum herumgebaut.

Doch der Friedhof wurde nicht aufgeschichtet, die Gräber befinden sich auf einer alten Sanddüne, wie es sie vor Hunderten Jahren noch viele in der Gegend um Hannover gab. Entstanden in der Eiszeit waren sie das Produkt von jahrtausendelangem Zermahlen von Geröll. Noch heute erinnern einige Straßennamen in Hannover daran, dass es hier einmal mehrere von diesen kleinen Bergen gab: Schneiderberg, Lärchenberg oder Emmerberg.

Doch nicht nur für Geologen ist der Judenfriedhof interessant, auch Historiker finden hier genügend Stoff zum Forschen. Der Friedhof wurde 1864 geschlossen, als wenige Kilometer weiter nördlich ein neuer eingeweiht wurde. Doch den Holocaust und das Naziregime hat das Gelände weitestgehend ohne größere Schäden überstanden. Hier liegen unter anderem die Großeltern von Heinrich Heine und der Leibniz-Schüler Rafael Levi. Menschen mit Interesse an jüdischer Kultur oder ausgefallenen Ecken finden in dem Judenfriedhof einen historisch wichtigen Ort und eine besondere Oase.

In den Sommermonaten findet immer mittwochs ab 19 Uhr eine Führung statt. Der Eintritt beträgt pro Person 5 Euro. Die genauen Daten hängen dabei am Eingang zum Friedhof.

Judenfriedhof · Am Judenkirchhof · 30167 Hannover

61 KLEINKUNST IN DER SÜDSTADT

Essen und lachen – im Uhu-Theater in der Südstadt gehört das eng zusammen. Hier finden Besucher ein buntes Programm aus Kleinkunst, Comedy, Konzerten und sogar Burlesque-Shows. Dazu bekommt man immer auch leckere Gerichte, ein kühles Bier oder einen Wein. Genau das Richtige also für einen schönen Abend.

Die Kleinkunst wird zu Unrecht gerne mal von Freunden der Hochkultur belächelt. Doch abseits der Staatstheater und großen Opern findet sich in ganz Deutschland eine quicklebendige Szene aus Kabarett, Comedy, Pantomime, Puppenspiel, Burlesque oder Zauberei. Die Kultur des Varietés hat eine lange Geschichte, die Szene bringt immer wieder große Stars hervor. Und gleichzeitig findet das alles in kleinen Theatern statt, wo die Zuschauer noch direkt auf Tuchfühlung mit den Darstellern gehen können und eine Performance eine echte Höchstleistung ist.

Im gleichen Haus findet sich eine der spannendsten religiösen Einrichtungen Hannovers: das Haus der Religionen. Hier treffen sich Anhänger der verschiedenen Glaubensrichtungen zu Lesungen, Workshops und Vorträgen.
www.haus-der-religionen.de

Auch in Hannover ist die Szene lebendig und äußerst beliebt. Wenn man den Direktor des Uhu-Theaters, Hubert Korén, fragt, welche Bedeutung die Kunst hat, dann antwortet er gerne mal mit seinem Standardspruch: »Sie ist die Apotheke der Seele.« Und dass sich neben der Apotheke auch die Küche um das Wohl der Menschen kümmert, das hat im Uhu-Theater Tradition. Gäste der Show erhalten vor und nach dem Showprogramm ein Angebot aus verschiedenen Speisen und Getränken.

Neben Kabarett, Comedy und Konzerten sind auch Burlesque-Shows Teil des Programms, das bunt, außergewöhnlich und leicht daherkommt. Viele der Bühnenstars trifft man übrigens nach dem Programm an der Bar zum entspannten Gespräch bei einem Wein oder Bier.

Uhu-Theater · 22–25 Euro · Böhmerstraße 8 · 30173 Hannover · Tel. 0511 / 88 95 83
www.uhu-theater.de

Uhu - Theater

"One Piano - One Voice"

An Evening of **Sir Elton John's** Greatest Hits

performed by

Donovan Aston

Uhu Theater
Bohmerstr. 8, 30173 Hannover

06.Juni '14

Vorverkauf: 0511 889583 od
www.uhu-theater.de

www.starsandmore.info

www.donovanaston.de

DIE OFFENE BÜHNE

Seit 2006 bietet das Theater Hinterbühne bunte Kultur an der Hildesheimer Straße. Das Programm bestreiten dabei bekannte Größen, Newcomer und Lokalmatadore. Gleichzeitig ist es wohl Hannovers einziges Recycling-Theater – Teile der Einrichtung stammen von Autobahnraststätten.

Hannovers Off-Theaterszene ist lebendig und weiß sich auch in scheinbar ausweglosen Situationen immer wieder zu helfen. Die Geschichte des Theaters Hinterbühne ist dafür ein gutes Beispiel, denn sie beginnt traurig und endet lustig: Als die langjährige Theatergruppe »Flunderboll« um das Jahr 2006 ihre Proberäume verlor, hatten viele schon Angst, es könnte das Ende des Ensembles sein. Doch die Gruppe gründete einfach ein eigenes Theater an der Hildesheimer Straße. Eine Förderung durch die Stadt oder das Land schien weit entfernt, schließlich gab es bereits einige Off-Theater, die offizielle finanzielle Hilfe bekamen. Doch das Ensemble ließ sich von dieser schier aussichtslosen Lage nicht entmutigen. Seit 2006 werden dort nun Stücke zeitgenössischer Autoren inszeniert, aber auch Kneipenaufführungen, szenische Lesungen oder Konzerte begeistern regelmäßig die Besucher.

Rund 80 Zuschauer haben in dem barrierefreien Saal Platz. An nahezu jedem Wochenende in der Spielzeit, von September bis Juni, gibt es Aufführungen von Newcomern und bekannten Lokalmatadoren. Dazu kommen zahlreiche Gastspiele freier Theaterensembles aus anderen Städten, die die Hinterbühne als geeigneten Ort für ihre Stücke entdeckt haben. Das Theater dürfte dabei das wohl einzige sogenannte Recycling-Theater in Norddeutschland sein: Das Ensemble hat beim eigenhändigen Umbau unter anderem zahlreiche ausrangierte Bauelemente von Autobahnraststätten verbaut. Für kleinere Veranstaltungen, wie Lesungen, als Probenraum oder für eine Ausstellung, wird das so genannte »ZWO« genutzt, kurz für »Hinterbühne zwei«.

Theater Hinterbühne · 8–15 Euro · Hildesheimer Straße 39 a · 30169 Hannover
Tel. 0511 / 3 50 60 70 · www.die-hinterbuehne.de

63 DIE KULTURFABRIK

Warum immer nach Linden gehen? Versteckt in einem Südstädter Hinterhof findet sich eine der Keimzellen hannoverscher Off-Kultur: die Eisfabrik – eine Oase mitten in der Stadt. Theater, Ausstellungs- und Proberäume sowie Ateliers zeigen die Lebendigkeit des oftmals unterschätzten Stadtteils.

Die Seilerstraße ist eher unscheinbar. Enge Wohnhäuser aus der Nachkriegszeit, ein paar Geschäfte und Büros im Erdgeschoss. Und doch verbirgt sich hinter den Mauern eine kleine Oase der Kultur. Geht man durch die schmale Einfahrt bei Nummer 15F, findet man sich in einem bunten Hinterhof wieder: der Eisfabrik. Hier wird seit Jahrzehnten Schauspiel, Kunst und Kultur gelebt. Als in den innenstadtnahen Lagen in den 1970er-Jahren mehr und mehr Fabriken schlossen, übernahmen – wie an vielen anderen Orten auch – Künstler das ehemalige Gelände der Germania-Brauerei. 1987 starteten die ersten Ateliers und das Theater Commedia Futura. 1999 kaufte der Verein dann – unterstützt von der Stadt Hannover und dem Land Niedersachsen – das Gelände. Und seitdem ist es aus der hannoverschen Kulturszene nicht mehr wegzudenken. Innerhalb der Stadt, aber auch überregional ist der Name Eisfabrik eine feste Größe.

Die Commedia Futura ist eines der wichtigsten Off-Theater der Region: Die beiden Brüder Piontek, die ihre Vision aus Spiel, Tanz und Kultur auf die beiden minimalistischen Bühnen bringen, haben schon internationales Lob eingeheimst.

In der Galerie für Fotografie betreibt der Verein zur Förderung der Fotografie Hannover eine ambitionierte Galerie, in der Werke aus der modernen Fotografie genauso ihren Platz finden wie Ausstellungen historischer Bilder.

Wenn man dann auf dem Hof steht und die Musik aus einem der zahlreichen Proberäume kommt und die Künstler gerade bei einem Kaffee oder Bier eine Pause machen, dann fühlt man sich wie in einer kleinen Hinterhofoase mitten in der Stadt.

Eisfabrik · Seilerstraße 15F · 30171 Hannover · Tel. 0511 / 2 83 45 90 · www.eisfabrik.com

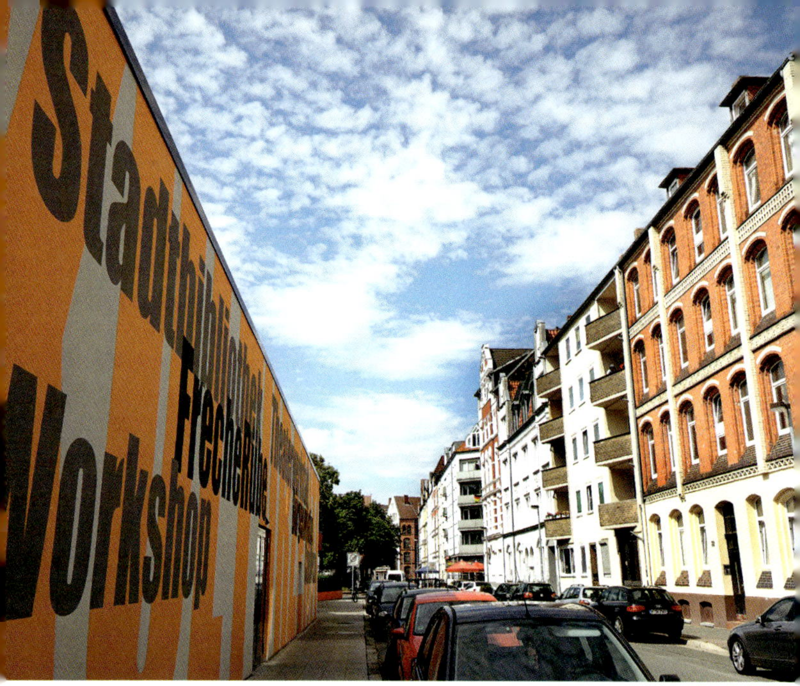
FrecheRübe

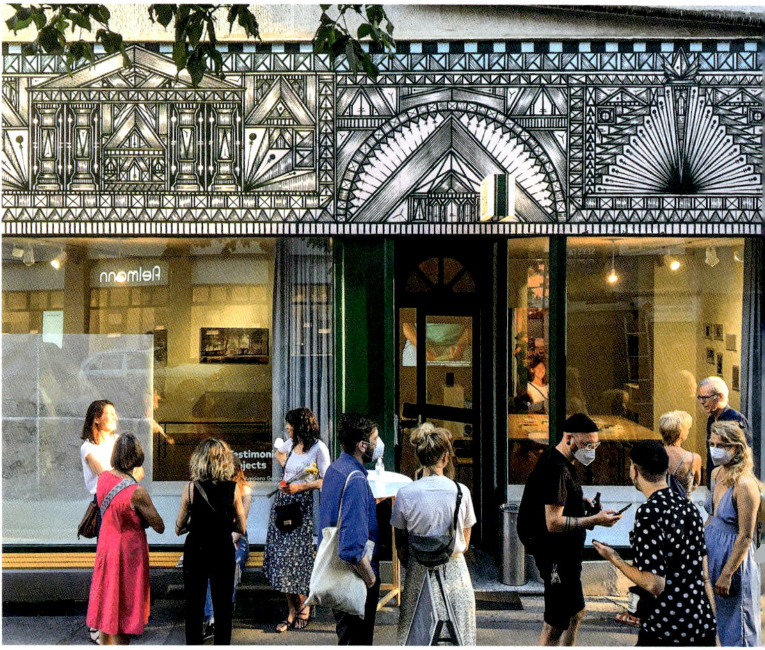

DIE WELT ZU GAST

64

Nur wenige hätten gedacht, dass es wirklich nur ein Jahr dauert, bis der Pavillon wieder eine Spielstätte hat. Denn der pragmatische, aber ein wenig in die Jahre gekommene Bau am Anfang der Lister Meile wurde 2013 nahezu komplett abgetragen. Im Frühjahr 2014 startete das Programm wieder: Und es war, als sei nichts passiert. Hannover hatte seinen Treffpunkt für alternative Hochkultur wieder.

Der Pavillon ist für viele Menschen in der Stadt so etwas wie ein Fenster zur bunten Weltmusik: Hochkarätige Stars sind hier zu Gast, viele wünschen sich, genau hier aufzutreten und nirgendwo in der Region sonst.

Pavillon Hannover · Lister Meile 4 · 30161 Hannover · Tel. 0511 / 2 35 55 50
www.pavillon-hannover.de

BILDER AUS DEM LEBEN

65

Hannover hat durch die kreativen Studiengänge an der Hochschule einen stetigen Zuzug von vielen Talenten aus den Bereichen Design, Medien und Fotografie. Diese Lust und das Interesse an der Kreativität sowie die zahlreichen Projekte, die dadurch entstehen, spürt man immer stärker in der Stadt. Natürlich besonders im angesagten Linden, wo Kultur, Kreatives und Klubkultur gut zusammengewachsen sind. So pulsiert rund um den Schwarzen Bär an den Wochenenden das Leben, doch nur ein paar Schritte entfernt vom Trubel hat sich mit der Galerie BOHAI eine kleine Oase der Kunst etabliert. Die Galerie für Fotografie und Medienkunst, ein gemeinnütziger Kunstverein, hat sich seit ihrer Gründung 2013 als fester Ort für Kultur etabliert, der besonders jüngeren Kunstschaffenden Möglichkeiten gibt, die eigenen Werke in einem angemessenen Rahmen zu zeigen. Die Ausstellungen und Veranstaltungen bieten für viele Menschen auch häufig den Ausgangspunkt für eine Reise durch die Nacht.

Galerie BOHAI e.V. · Schwarzer Bär 6 · 30449 Hannover · galeriebohai.com

DER UNGESCHLIFFENE DIAMANT

Das Ihme-Zentrum entzweit Hannover. Die einen finden die riesige Stadt in der Stadt einfach nur hässlich, für die anderen steht das Gelände für die Zukunft des Städtebaus. Dabei könnte in diesem Meisterstück des Brutalismus so viel Tolles entstehen. Das merken auch immer mehr Hannoveraner.

Bedrohlich steht das Gebäude an der Ihme. Doch Gebäude ist eigentlich ein falsches Wort für das Ihme-Zentrum. Denn der Komplex am Rande Lindens zieht sich mehrere Kilometer entlang des Flusses, drei Türme ragen hoch in den Himmel. Das Ihme-Zentrum war einmal der Traum der Architekten von einer neuen Urbanität.

In den 1970er-Jahren angelegt als Mischung aus Einkaufen, Arbeiten und Wohnen, zeigte das Zentrum bereits wenige Monate nach Eröffnung die ersten Verfallserscheinungen. Eine geplante U-Bahn-Station wurde nie in Betrieb genommen, es gibt sie aber immer noch. Das Schwimmbad wurde geschlossen, und spätestens nach der Jahrtausendwende ging es bergab mit dem Einkaufszentrum. Als dann 2009 die weltweite Finanzkrise den Besitzer, eine US-amerikanische Hedgefonds-Firma, pleitegehen ließ, schien das Ende des Ihme-Zentrums nur noch eine Frage der Zeit. Es kam jedoch ganz anders.

Denn in dem unwirtlichen Gebäude, das einen an Stanley Kubricks Clockwork Orange erinnert, ist immer noch Leben. Unzählige Eigentumswohnungen mit einem tollen Blick über die Stadt gibt es ebenso wie die Büros der Stadt und der Stadtwerke. 2010 gab es einen Versuch, die Außenwände mit Graffiti-Kunst zu verschönern und so auch das Leitsystem zu modernisieren. Dabei zeigte das Interesse der Menschen, wie sehr man sich eine neue Strategie für das Ihme-Zentrum wünscht. Unterdessen taucht die Idee, das Ihme-Zentrum durch Umnutzung zu einem bunten, kreativen Ort zu machen, immer mal wieder auf. Dass viele der Eigentumswohnungen Dachgärten haben, zeigt, dass es auch eine grüne Zukunft für dieses ungewollte Projekt geben könnte.

Ihme-Zentrum · 30449 Hannover

67 LICHTSPIELE AUF DER LIMMER

Das Apollokino bietet geschmackvolle Kunstfilme, Komödien mit Niveau und zu Tränen rührende Dramen. Mit seiner Mischung aus Kunstkinofilmen, Neuerscheinungen, einer regelmäßigen Kabarettreihe und pädagogisch wertvollem Kinderprogramm hat sich das Lichtspielhaus auf der Limmer ins Herz der Stadt gespielt.

Auf der Limmerstraße fühlt man den Pulsschlag von Hannovers wohl wildestem Stadtteil: Linden-Nord. Hier treiben sich die Lebenskünstler, Kreativen und Öko-Aktivisten herum, und hier gehen sie auch gerne aus. Eines der Lieblingsziele ist dabei das Apollokino direkt an der Straßenbahnhaltestelle Leinaustraße.

Hier laufen die großen Kunstkinofilme neben ausgewählten Neuerscheinungen. Morgens und vormittags gibt es ein niveauvolles Kinderprogramm. Und auch tolle Filme, die in den großen Kinos nur wenige Tage gezeigt wurden, bekommen im Apollokino noch Monate später eine Chance, und diese nehmen auch die Lindener gerne an.

Dabei hat der Laden eine bewegte Geschichte hinter sich. 1908 wurde das Kino in einem ehemaligen Tanzsaal gegründet und etablierte sich schnell im Stadtteil. Ein Bombentreffer im Zweiten Weltkrieg machte den Betrieb für eine gewisse Zeit unmöglich. Einen Aufschwung nahm das Lichtspielhaus dann aber in den 1970er-Jahren, als der Student Hans-Joachim Flebbe anfing, Einfluss auf das Programm zu nehmen. Flebbe gründete später die Cinemaxx-Kinokette, das Apollo machte er zu einem der ersten Programmkinos in Deutschland.

Seit einigen Jahren lädt der bekannte hannoversche Zauberer und Entertainer Desimo in seiner regelmäßigen Spezial-Show die besten Kabarettisten Hannovers hierher ein, auch viele bekannte Stars aus ganz Deutschland kommen gerne ins Apollokino. Und dass das Bier hier viel günstiger ist als in den großen Kinos, darüber freuen sich die Cineasten natürlich auch.

Apollokino · 7,50 Euro · Limmerstraße 50 · 30451 Hannover · Tel. 0511 / 452438
www.apollokino.de

DER SOUND
DER USA

68

It's only Rock'n'Roll but I like it. Weit draußen in Isernhagen finden Liebhaber handgemachter Musik genau den richtigen Ort: Die Blues Garage hält als einer der letzten Klubs in der Region die Tradition des Rock und Blues am Leben. Stars aus den USA kommen hier regelmäßig zum Mucken hin.

In den USA ist es normal, weite Strecken für gute Rock- oder Blueskonzerte zu fahren. Bei der Blues Garage in Isernhagen ist das genauso. Weit draußen im Gewerbegebiet von Isernhagen findet sich dieses Refugium der handgemachten Musik. Zahlreiche Rock-, Blues- und Country-Größen standen hier schon auf der Bühne. Und aus ganz Deutschland reisen die Fans der handgemachten Musik an, um ihre Helden einmal live zu sehen – schließlich ist die Blues Garage oft der einzige Ort in Deutschland, wo die Musiker ihr Konzert geben.

> Für Fans von außerhalb sucht das Team auch gerne mal eine Übernachtungsmöglichkeit in der Nachbarschaft.

Rund 400 Menschen finden in der Halle Platz. Die Stimmung ist entspannt, das Bier kühl, die Einrichtung rustikal und der Sound professionell – die perfekte Atmosphäre also für ein Rock- oder Blueskonzert. Das wissen auch die Musiker selbst zu schätzen. Stars wie Wishbone Ash, Marla Glen, Roger Chapman oder Eric Burdon kamen schon hierher zum Musizieren, und viele sind so überzeugt von dem Laden, dass sie immer wieder in die Blues Garage kommen.

Seit 1999 holt die Blues Garage die Größen der Szene in die Region. Nahezu jedes Wochenende gibt es Konzerte. Und 2012 wurde der Laden dann als bester Klub bei den German Blues Awards ausgezeichnet.

Wer Lust hat, in einer einmaligen Atmosphäre authentische US-amerikanische Musik zu genießen, mit Gleichgesinnten zu feiern und dazu ein frisch gezapftes Bier zu trinken, der ist in der Blues Garage genau richtig. Der Laden sucht in der Region seinesgleichen.

Blues Garage · Industriestraße 3–5 · 30916 Isernhagen HB · Tel. 0511 / 86 67 15 57
www.bluesgarage.de

MIT GENUSS FÜR EINE BESSERE STADT

69

Eine andere Stadt ist möglich. Wer sich für Umweltthemen, Nachhaltigkeit und eine bunte Stadtentwicklung interessiert, kommt an dem Wissenschaftsladen nicht vorbei. Das Team verbindet dabei Genuss mit umweltpolitischem Engagement. Und bei den gemeinsamen Kochsessions wurde schon so manches tolle Projekt entwickelt.

Früher, bevor das Internet jeden mit Wissen versorgte, waren die Wissenschaftsläden in Deutschland ein beliebter Ort, um Fragen zu stellen und Antworten zu bekommen. Hier trafen sich Wissenschaftler aus allen möglichen Bereichen mit Bürgern, um sich gemeinsam auszutauschen – im Fokus standen dabei schon immer Umweltthemen. Im alternativen Milieu und in der Umweltszene spielten die Läden eine wichtige Rolle für die Meinungsbildung. Doch diese Zeiten sind wohl leider vorbei.

Denn inzwischen kriegt jeder mit ein paar Klicks das ganze Wissen der Menschheit aus seinem Computer, und die Wissenschaftsläden mussten sich neu erfinden. Im Wissenschaftsladen auf dem Faust-Gelände, immerhin 1986 gegründet, spürt man diesen neuen Geist. Die drei angestellten Aktivistinnen haben sich abgewandt vom Informieren und engagieren sich stattdessen bei Stadtentwicklungsprojekten.

Gleichzeitig sieht sich der Wissenschaftsladen mit Büro auf dem Faust-Gelände auch als Forum für neue Ideen. Immer mittwochs treffen sie sich zum gemeinsamen Schnippeln und Kochen. Die Gerichte sind immer ohne Fleisch, und die Lebensmittel bekommen die Teilnehmenden gespendet.

Bei den gemeinsamen Aktionen tauscht sich die Gruppe dann nicht nur über die Szene und Neuigkeiten in Hannover aus, es werden auch immer wieder Projekte gestartet, die Hannover ein kleines Stück bunter und nachhaltiger machen. Seien es Urban-Gardening-Aktionen oder ein Repair-Café, in dem Menschen alte Geräte reparieren lassen können.

Die Projekte leben vom ehrenamtlichen Engagement, jeder Interessierte ist willkommen, ob mit Anmeldung oder spontan.

Wissenschaftsladen Hannover · Zur Bettfedernfabrik 3 · 30451 Hannover
Tel. 0511 / 2 10 87 10 · www.wissenschaftsladen-hannover.de

NICHT NUR ZUM LACHEN

70

Freunde des schwarzen Humors finden hier etwas zum Lachen: Das Theater am Küchengarten verbindet politisches mit komödiantenhaftem Kabarett. Seit vielen Jahren ist es so eine feste Größe in der hannoverschen Kulturszene. Hier spielten schon die ganz Großen. Dazu gibt es eine leckere Auswahl an Snacks, Bier und Wein.

Seit der Küchengarten vor einigen Jahren restauriert wurde, treffen sich hier die Jugendlichen zum Skateboardfahren, Klönen und Biertrinken. Die Stimmung ist ähnlich entspannt wie auf einer italienischen Piazza. Die Atmosphäre vor der Tür passt gut zum Treiben in dem Haus am Kopf des Platzes: Denn das Theater am Küchengarten – kurz Tak – verbindet die großstädtische Kultur des Kabaretts mit humoristischer Leichtigkeit. So wurde der Laden zur wohl wichtigsten Kabarettbühne Hannovers und auch über die Stadtgrenzen hinaus bekannt.

> In den Pausen lässt sich besichtigen, wie sich die Lindener in dem ehemaligen Badehaus früher sauber gemacht haben.

Seit Jahrzehnten wird hier der politische Witz gepflegt. 1975 gründete der bissige Kabarettist Dietrich Kittner den Vorläufer des Tak an der Bult. 1987 kam dann der Umzug in das ehemalige Badehaus in Linden. Kittner selbst stand bis 2007 immer wieder auch selbst mit seinem bitterbösen und zynischen, aber klugen Programm auf der Bühne des Theaters, obwohl er das nahezu immer ausverkaufte Tak bereits 1993 an eine GmbH verkauft hatte.

Im bundesweit renommierten Theater werden zurzeit mehr als 150 Veranstaltungen pro Saison angeboten. Kabarettgrößen wie Volker Pispers, Marc-Uwe Kling, Hagen Rether oder Urban Priol sind dabei bereits Gäste gewesen. Gleichzeitig finden hier auch lokale Größen immer wieder den Weg erst auf die Bühne und dann raus aus Hannover in eine Karriere als Unterhalter. Neben Kabarett gibt es in dem Saal mit den etwa 130 Sitzplätzen auch Konzerte, Lesebühnen und Kleinkunst.

Theater am Küchengarten · 5–21 Euro · Am Küchengarten 3–5 · 30449 Hannover
Tel. 0511 / 44 55 62 · www.tak-hannover.de

71 DAS AUSFLUGSLOKAL MIT DEM BEAT

Hoch oben auf dem Lindener Berg erfreut der Jazz Club Hannover seit Jahrzehnten Musikfreunde mit Rhythmus und Melodie. In dem roten Keller sind schon viele bekannte Weltstars aufgetreten, und die regelmäßigen Sommerfeste zeigen, wie lebendig der Jazz auch heute noch sein kann.

Diese Wände! Rot-orange strahlt die Farbe und gibt dem Keller einerseits etwas Verruchtes, andererseits gibt die Farbe auch irgendwie eine Wärme ab, die sich nur fühlen, aber nicht messen lässt. Allein für die Einrichtung lohnt sich schon der Besuch auf dem Lindener Berg im Jazz Club Hannover. Doch die Farbe soll nicht auffallen oder flippig wirken, wie Uwe Thedsen, einer der ehrenamtlichen Geschäftsführer erzählt: »In den Anfängen war der Club nur ein kleiner Abstellkeller unter dem Jugendfreizeitheim – ohne Heizung.« Ein Handwerker meinte irgendwann, man sollte die Wände in einem warmen Ton anstreichen, damit die Musiker weniger frieren müssen.

Im Sommer veranstaltet der Jazz Club neben einer Sommerparty auf dem Gelände des Clubs auch zahlreiche Konzerte an anderen Orten in Hannover.
Alle Termine finden sich auf der Website.

Der pragmatische Tipp erwies sich auf lange Sicht als eines der Aushängeschilder des Jazz Clubs. Denn als unter den Jazzmusikern nach und nach bekannt wurde, dass man in Hannover ein begeistertes Publikum findet, redeten immer mehr von »the orange club in Germany«. »Viele der Musiker, die monatelang auf Tour sind, kennen uns nicht als den Jazz Club Hannover, sondern als den mit den rot-orangenen Wänden. Das ist unser Markenzeichen.«

Ein Markenzeichen, das sicher auch dazu geführt hat, dass Superstars wie Duke Ellington die Räume nutzten, um hier zu proben. Die Verbindung zwischen der US-amerikanischen Jazzszene und den hannoverschen Musikliebhabern führte sogar so weit, dass jedes Mitglied des Clubs laut Urkunde auch automatisch Ehrenbürger von New Orleans wird.

Jazz Club Hannover · Am Lindener Berge 38 · 30449 Hannover · Tel. 0511 / 45 44 55
www.jazz-club.de

"JAZZCLUB HANNOVER"

has on this 20th day of APRIL

19 79 BEEN MADE AN

Honorary Citizen of New Orleans

founded 1718 by the explorer Bienville ... twice a colony of France ...
for years under the flag of Spain ... since 1803 part of the United States of
America and today one of the world's great Port cities, the center of
a vast and growing industrial empire

Ernest N. Morial
MAYOR

DER KULTURKELLER

Mit tollem Kulturprogramm hat sich der Konzertkeller Feinkost Lampe zu einem internationalen Ziel für Klangkünstler, leidenschaftliche Musiker und alternative Superstars gemausert. Hier geben sich isländische Klangkünstler und osteuropäische Klezmermusiker die Klinke in die Hand.

Einer der wichtigsten Kulturorte Hannovers hat sich ein wenig versteckt: Hat man erst einmal den kleinen, unscheinbaren Eingang auf dem Hinterhof in Linden-Mitte gefunden, eröffnet sich dem Gast eine wahre Perle. In dem ehemaligen Kolonialwarenladen – daher auch der Name Feinkost Lampe – treffen sich isländische Klangkünstler, französische Chansonniers und osteuropäische Bläserkapellen.

> Karten im Vorverkauf besorgen und früh kommen, im Keller ist nicht so viel Platz. Vorher lohnt es sich, im Bösen Wolf direkt gegenüber zu essen.

Auf dem Unisex-Klo vertreiben sich die Gäste die Wartezeit mit Musizieren. Das Team um Betreiberin Claudia Pahl hat ein altes Kinderkeyboard neben das Waschbecken gestellt. Und so passiert es häufig, dass nach den Konzerten die Party in der Toilette weitergeht.

Viele der Bands, die Pahl hier spielen lässt, schaffen es wenig später auf die Cover von Indie-Magazinen oder sogar zu Arte. Ihr Gespür konnte sie auch am Schauspielhaus Hannover entwickeln, wo sie unter anderem als Pressesprecherin arbeitete.

Die Gäste des Feinkost Lampe sind überwiegend die älter gewordenen Rock- und Indie-Fans, die sich auf den Konzerten an den Donnerstagen ganz der Musik hingeben und den kleinen Raum schon einmal zur Minidisko machen. Hier geht es nicht ums Posieren, sondern um die Liebe zur etwas abseitigen, handgemachten Musik.

Die DJs legen Balkan Beat, englische Popmusik oder französischen Rock auf. Alle sind nett zueinander. Die Atmosphäre ist eine Mischung aus feierlich und abgefuckt. Die Abende im Feinkost Lampe sind die perfekte Afterworkparty für die moderne Boheme Hannovers.

Feinkost Lampe · Eleonorenstraße 18 · 30449 Hannover-Linden · www.feinkostlampe.de

73 VERLASSEN, ABER NICHT VERGESSEN

Weit im Westen wird sich Hannover in den kommenden Jahren sehr stark verändern: Dort, wo einst Lastenkähne schipperten und Fabrikschlote rauchten, wird heute geschwommen, gewohnt und die Kunst zelebriert. Die RosebuschVerlassenschaften sind ein Geheimtipp für Freunde der Kunst und der Geschichte.

Sind es die unzähligen Metallstücke, Steine, Bauteile, Behälter, die einen in ihrer seriellen Ähnlichkeit in den Bann ziehen? Sind es die Relikte der alten Industrie, ihrer Produkte und die Spuren der Menschen, die hier gearbeitet haben? Ist es das Gebäude, das sich auf diesem Werksgelände versteckt, weit ab von viel befahrenen Straßen und vollen Plätzen? Oder ist es die Leidenschaft, die Liebe zum Detail, die man spürt, wenn die Hüterin dieses zauberhaften Ortes darüber spricht?

Das, was einen beim Besuch der RosebuschVerlassenschaften berührt, ist vielseitig: Dieses alte Industrieareal, das man nach einem kleinen Gang von der Straße aus erreicht, wirkt in seinem Zustand romantisch und voller Erinnerungen. In den Verlassenschaften sind die auch Bezüge zu den Themen Nationalsozialismus und Zwangsarbeit assoziativ künstlerisch verarbeitet. Besonders beeindruckend ist die Rauminstallation »Litzmannstadt«, in der neben Briefen und Fotos eine Reihe alter Lazarettragen und Listen mit Namen von Deportierten zu sehen sind.

Das Ehepaar Breuste hat bis zum Tod von Hans-Jürgen aus den RosebuschVerlassenschaften ein vielschichtiges Gesamtkunstwerk gemacht. Almut Breuste ist inzwischen allein verantwortlich für die Ausstellung. Ihre Leidenschaft, die Liebe zum Projekt und der persönliche Bezug ziehen einen bei den Rundgängen, die nur nach Anmeldungen oder zu bestimmten Terminen stattfinden, in den Bann. Es ist einer der außergewöhnlichsten Ausstellungsräume für Kunst und dessen Umgang mit Geschichte – nicht nur in Hannover, vielleicht sogar in ganz Deutschland.

RosebuschVerlassenschaften · Rosenbuschweg 9 · 30453 Hannover · Tel. 0511 / 794678
www.rosebuschverlassenschaften.de

56
TABAKWAREN
TU UNION
BARKOW

BELLADONNA OF SADNESS
Endless Poetry
RAY & LIZ

KLEIN, ABER FEIN: DAS »LODDERBAST«

Das »Lodderbast« in der Innenstadt ist der Exot unter den hannoverschen Kinos: Kaum größer als ein Wohnzimmer, dafür mit super Programm. Hier treffen Kultfilme und cineastische Klassiker auf ausgesuchte Neuheiten.

Ein Lodderbast ist im hannoverschen Sprachgebrauch ein Mensch, der es mit Ordnung und Sauberkeit nicht so ernst nimmt. Der Begriff wird meist nicht wirklich böswillig verwendet, eher mit einem Augenzwinkern. Eine gute Bezeichnung für jemanden also, der oder die beispielsweise aufgrund der Liebe zum Film ganze Tage im Kino verbringt, dazu Chips oder Popcorn mümmelt und Limo oder Bier trinkt.

Vielleicht haben die Betreiber des Lodderbast-Kinos in der hannoverschen Innenstadt genau so eine Person vor Augen gehabt, als sie ihr kleines Lichtspielhaus so genannt haben. Es ist nach eigenen Angaben das kleinste Kino der Welt: 20 Plätze auf rund 40 Quadratmetern – eher ein Wohnzimmer als Multiplex.

Auf jeden Fall ist es das kleinste Kino Hannovers. Aber nur in Bezug auf die Quadratmeter, nicht wegen des Programms, das das Betreiberduo Wiebke und Johannes Thomsen mit großer Leidenschaft zusammenstellt: Filmklassiker aus den vergangenen Jahrzehnten werden hier gezeigt, gerne auch in Kombination mit Themendiskussionen, Kultfilme und einige modernere Streifen.

Dem Team ist die Liebe zum Film und eine entsprechende Präsentation bei der Kuratierung seit dem Start ihres kleinen, aber feinen Kinos 2018 sehr wichtig. Und so wie die beiden das Lichtspielhäuschen führen, kann man sich gut vorstellen, dass der eine oder andere Cineast hier gerne versacken und zu einem echten Lodderbast werden möchte.

Lodderbast · Berliner Allee 56 · 30175 Hannover · Tel. 0170/2382828
www.lodderbast.de

75 DAS HAUS DER LEBENDIGEN FIGUREN

Das Figurentheater Haus Theatrio in Vahrenwald entführt seine Gäste in die zauberhafte Welt der lebendigen Figuren. Die Künstler der vier Theater, die sich hier zusammengetan haben, blicken dabei auf jahrzehntelange Erfahrung zurück. Und auch die Staatsoper wendet sich immer wieder gerne an die Figurenspieler.

Nahezu jedes Kind kennt die Augsburger Puppenkiste. Doch es braucht nicht die Klassiker aus Süddeutschland, um in Hannover eine Reise in die Zauberwelt zu beginnen. Im Figurentheater Haus Theatrio erleben die jungen und alten Gäste märchenhafte Aufführungen und bezaubernde Abende. Das Ensemble blickt dabei auf einige Jahrzehnte Erfahrung zurück und hat sich einst aus den unterschiedlichen Gruppen »Marmelock«, »Neumond«, »Die Füchse« und »Figurentheater Seiler« zusammengefunden. Jede Gruppe steht für einen eigenen Stil und eine eigene Herangehensweise an das Figurentheater. Im Theatrio arbeiten sie aber gemeinsam an Stücken oder ergänzen sich mit ihrer Expertise.

Diese Vielfältigkeit werden Sie auch im Programm spüren: Die Stücke rangieren von Interpretationen bekannter Geschichten wie »Wo die wilden Kerle wohnen« oder »Vom Fischer und seiner Frau« bis zu Schauspielen für Erwachsene wie »Shakespeare in Eile«.

Seit vielen Jahren kooperiert das Haus außerdem mit der Staatsoper bei unterschiedlichen Stücken und unterstützt so mit den Figuren immer mal wieder Aufführungen im Opernhaus. Gleichzeitig ist das Theatrio selbst immer wieder Austragungsort von Gastspielen renommierter Ensembles aus Europa. Auch kleine Festivals finden in dem Haus im Norden Hannovers immer wieder statt.

In Seminaren und Workshops können Sie außerdem das Puppenspiel selbst lernen oder eine eigene Puppe basteln. Diese Veranstaltungen werden regelmäßig angeboten, ein Blick auf die Internetseite lohnt sich also schon alleine deswegen.

Figurentheater Haus Theatrio · 6–24 Euro · Großer Kolonnenweg 5 · 30163 Hannover
Tel. 0511 / 8 99 59 40 · www.figurentheaterhaus.de

DIE KUNST IN
DER SCHEUNE

Seit 1981 vermittelt der Kunstverein Langenhagen anspruchsvolle Kultur. Der Verein unterstützt so zahlreiche Nachwuchskünstler in Niedersachsen und versucht, immer wieder neue Impulse zu setzen. Das Programm der Vorstadtgalerie nimmt dabei schon mal klare Positionen ein.

Kunst kennt keine angestammten Orte. Um gute Arbeiten zu sehen, braucht es keine Galerie mitten in der Großstadt. Auch in der vermeintlichen Provinz finden sich zahlreiche Beispiele für anspruchsvolle Ausstellungen und liebevoll und gut kuratierte Programme. Wie im Fall des Kunstvereins Langenhagen, der in der nördlichen Flughafenvorstadt von Hannover seit 1981 Kunst vermittelt.

Hier, direkt an der Kreuzung zweier Hauptstraßen, wo Stadtbahn und Autos entlangbrausen, befindet sich mit der Galerie eine Art Refugium, das für Kunstkenner schon lange kein Geheimtipp mehr ist und dessen Besuch die Fahrt hinaus lohnt. Denn das kleine Museum in dem alten Backstein-

> Wer nach der Kunst eine kleine Stärkung braucht: Kaum fünf Minuten entfernt – in der Kastanienallee – befindet sich Langenhagens beste Eisdiele, das Eiscafé Monte Pelmo.

gebäude ist eine feste Größe bei deutschen Kunstmagazinen und hat sich in der Szene einen guten Ruf erworben. Das liegt mitunter auch an den klaren Positionen, die Direktorin Ursula Schöndeling in den wechselnden Ausstellungen formuliert.

Besonders Künstlerinnen und feministische Themen spielen bei der Kuratierung eine besondere Rolle. Auch wenn der Verein das nicht so formuliert – ein roter Faden ist erkennbar.

Doch der Verein ist keineswegs monothematisch aufgestellt. Besonders Nachwuchskünstler aus Niedersachsen finden hier ein Forum, sich zu präsentieren, Ausstellungen zu erarbeiten und natürlich auch mit Kunstfreunden auszutauschen. Wer frische Impulse abseits der großen Museen sucht, für den lohnt sich die Fahrt in die Vorstadt auf jeden Fall.

Kunstverein Langenhagen · Mi–So 14–17 Uhr · Walsroder Straße 91 A · 30851 Langenhagen
Tel. 0511/778929 · www.kunstverein-langenhagen.de

ARBEIT UND FREIZEIT WIE FRÜHER

In Steinhude steht ein besonderes Museum: Es zeigt nicht nur traditionelles Spielzeug von früher, sondern auch den Lebensalltag von Fischern und Webern in der Region an der Schwelle zur Moderne. Das Fischer- und Webermuseum Steinhude mit Spielzeugmuseum entführt Sie auf eine Reise in die Vergangenheit.

Schon in der Steinzeit lebten Menschen am Steinhuder Meer. Hier gab es genug Essen, um sich niederzulassen. Der Fischfang bestimmt seitdem die Region. Nur Ende des 19. Jahrhunderts gab es im Zuge der Industrialisierung einmal die Idee, den See und seine Moore rundherum trockenzulegen, um daraus eine landwirtschaftlich nutzbare Fläche zu machen. Glücklicherweise blieb es bei dieser abstrusen Idee, und Hannover hat bis heute einen der schönsten Seen Norddeutschlands direkt vor der Haustür.

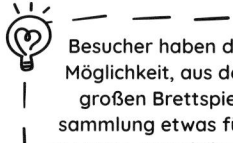

Besucher haben die Möglichkeit, aus der großen Brettspielsammlung etwas für zu Hause auszuleihen.

Doch nicht nur zum Segeln, Baden oder Fischen eignet sich die Region um den See. Für Hobbyhistoriker und Freunde des Handwerks gibt es hier ein ganz besonderes Museum: das Fischer- und Webermuseum Steinhude mit Spielzeugmuseum im Wunstorfer Ortsteil Steinhude. Hier gibt es für Jung und Alt einiges zu entdecken.

Dabei ist das Museum zweigeteilt: Im ersten Teil, einem ehemaligen Wohnhaus von 1850, befindet sich das Fischer- und Webermuseum. Hier lässt sich erfahren, welche Rolle der Fischfang spielte und warum die Leinweberei in der Region so wichtig war.

Wenn Sie dann über den Hof mit rund hundert Jahre altem Mobiliar ins Hinterhaus gehen, können Sie erfahren, welche Bedeutung Spielzeug noch vor wenigen Jahrzehnten hatte. Besonders heutige Kinder können sich nicht mehr vorstellen, wie wertvoll einst Spielzeug war, als noch nicht kistenweise Legosteine und zahlreiche Spielekonsolen in nahezu jedem Kinderzimmer standen.

Fischer- und Webermuseum Steinhude mit Spielzeugmuseum · Di–So 13–17 Uhr · 3 Euro
Graf-Wilhelm-Straße 3 · 31515 Wunstorf-Steinhude · Tel. 05033/5599 · www.steinhuder-museen.de

78 ZUM LACHEN IN DIE VORSTADT GEHEN

Bevor Comedians durch das Fernsehen über Nacht berühmt wurden, mussten sie sich mühsam ein Publikum erarbeiten. Auch nach Langenhagen kamen die Witzemacher immer wieder: Seit den 1980er-Jahren versorgt das Kabarett- und Comedyfestival Mimuse die Region mit einem lustigen Programm.

Für manche Menschen gibt es in dem Gebäude, wo das Kabarett- und Comedyfestival Mimuse seit Jahrzehnten stattfindet, eher wenig zu lachen: Der Saal gehört zu einer Realschule. Wer wenig Positives mit seiner Schulzeit verbindet, der kommt sicher nur ungern wieder her. Dabei würde es sich lohnen, denn schließlich kann Lachen doch jeden bösen Geist vertreiben.

Und auch die Gäste des Mimuse-Festivals machen sich anscheinend nichts aus der vermeintlich negativen Aura: Sie sind gekommen, um zu lachen, und dazu bekommen sie bei Mimuse viel Gelegenheit.

Seit 1980 zeigen die Organisatoren, wie kreativ und vielseitig die Kabarettszene in Deutschland ist. In einer Zeit, bevor Comedians im Fernsehen oder später im Internet sich schnell und quasi über Nacht einen Namen machen konnten, war das Festival für viele der professionellen Witzemacher ein wichtiger Meilenstein in ihrer Karriere. Ob Götz Alsmann, Django Asül, Olli Dittrich oder Bastian Pastewka – hier standen schon die ganz Großen auf der Bühne, bevor sie im Fernsehen die Massen begeisterten. Manch einer wurde hier sogar entdeckt oder fand seine Bestimmung als Unterhalter.

Dass das Festival seit so vielen Jahren schon so gut läuft, liegt auch daran, dass sich die Künstler hier wohlfühlen und immer wieder gerne in die Vorstadt nach Langenhagen kommen. Die Szene in Deutschland ist überschaubar, man kennt und schätzt sich eben – auch das macht die besondere Atmosphäre beim Mimuse-Festival aus. Und das spüren auch die Gäste, die aus der ganzen Region in die Flughafen-Vorstadt kommen. Die lebendige und vielfältige Kabarettszene Hannovers ist ohne die Mimuse inzwischen undenkbar.

Mimuse Kabarett- und Comedyfestival · www.mimuse.de

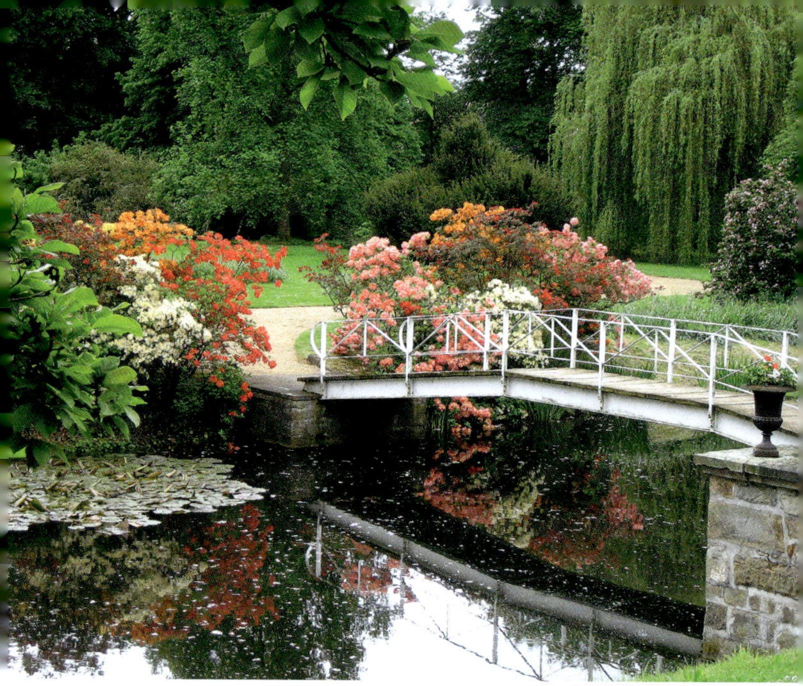

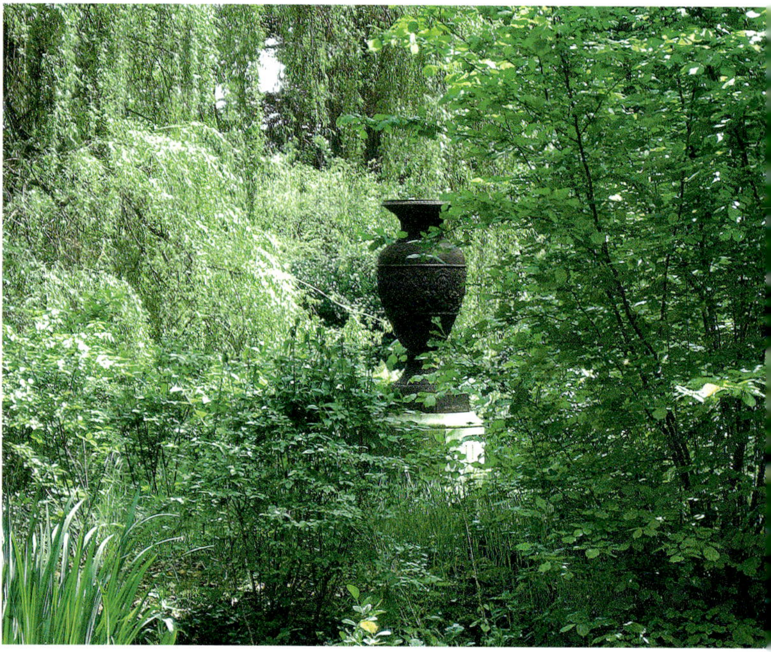

KULTUR AUF DEM LANDE

Raus in die kulturelle Sommerfrische: Das Rittergut Eckerde I in Barsinghausen bietet in den warmen Monaten ein gelungenes Zusammenspiel von Natur und Kultur. Die Reihe »Oper auf dem Lande« lockt mit Klassikern, und auch der Park lohnt schon einen Besuch in der Gemeinde im Süden der Region Hannover.

Niedersachsen ist schön. Auf dem Rittergut Eckerde I in Barsinghausen lässt sich entdecken, wie einmalig das Ländliche in der Region ist. Der sechs Hektar große Park eröffnet immer wieder neue Sichtachsen und Blicke weit hinaus in die umgebende Landschaft. Rund 20 Autominuten vom Zentrum Hannovers entfernt präsentiert sich hier eine eigene Welt. Eingebettet zwischen Felder und Hügel, den Höhenzug Deister im Blick, bietet das Gut im Südwesten der Region Hannover ein ideales Ausflugsziel. Doch nicht nur der Park, der zum Anwesen gehört, lohnt einen Besuch, das Rittergut ist nämlich eine der wohl ungewöhnlichsten Kulturspielstätten der Region. Seit 2008 ist das Rittergut Eckerde I Kulisse für die »Oper auf dem Lande«. Der frühere Intendant der hannoverschen Staatsoper, Professor Hans-Peter Lehmann, führt Regie bei Stücken wie »La Cenerentola«, »Così fan tutte« oder »Ein Sommernachtstraum«. Darüber hinaus werden klassische Konzerte und Jazzfrühschoppen präsentiert.

> Auch wenn keine Veranstaltungen stattfinden, lohnt sich ein Besuch auf dem Gut: Der Park ist von Mai bis Oktober an jedem ersten Samstag im Monat von 12 bis 18 Uhr geöffnet.

Das Kulturprogramm wird perfekt der schönen Umgebung angepasst. So findet die hohe Kunst der Oper, des Theaters und der Musik in der einmaligen Landschaft Niedersachsens eine geeignete Szenerie. Besucher kommen am schnellsten mit dem Auto in den Ortsteil Eckerde. Doch Sie können auch mit der S-Bahn nach Barsinghausen fahren und von dort aus die paar Kilometer wandern. Am besten aber eignet sich das Fahrrad: Denn das Rittergut ist ein gut geeigneter Stopp auf einer Tour durch den Süden der Region.

Rittergut Eckerde I · Alte Dorfstraße 2 · 30890 Barsinghausen · Tel. 05105/778 71 14
www.rittergut-eckerde1.de

80 EIN BLICK IN DIE VERGANGENHEIT

Das Moorinformationszentrum erlaubt einen kleinen Ausflug in die Vergangenheit von Hannovers Norden: Hier finden Besucher Überreste jahrtausendealter Moore. Das ehrenamtlich betriebene Zentrum bietet darüber hinaus auch ein abwechslungsreiches Kulturprogramm zwischen Ausstellungen und Diskussionen.

Betrachtet man einmal die Geografie Hannovers, fällt sehr schnell auf, warum sich die Siedler im Mittelalter an der Leine angesiedelt haben: Im Süden stehen mit dem Deister und dem Weserbergland schützende Hügel, und im Norden breiteten sich auf großen Flächen jahrtausendealte Moore aus.

Im Moorinformationszentrum MOORiZ lässt sich heute noch ermessen, welche Bedeutung dieser einzigartige Lebensraum hat und warum sein Schutz auch heute noch so wichtig ist. Denn Moore binden einen Großteil der schädlichen Klimagase und bilden gleichzeitig den Lebensraum für unzählige gefährdete Tier- und Pflanzenarten. Viele von ihnen finden in diesem für Menschen größtenteils unwegsamen Gelände die idealen Bedingungen vor. Eine faszinierende Welt, die Ihnen das MOORiZ als naturkundliches Basislager anhand von Ausstellungen und Filmvorführungen näherbringt.

Das von Freiwilligen aus dem Dorf betriebene und durch zahlreiche Geldgeber und Spenden finanzierte Zentrum zeigt dabei anschaulich die Entwicklung der Moore und die spätere industrielle und landwirtschaftliche Nutzung, vor allem durch den Tonabbau, der so wichtig für die Region wurde. Gleichzeitig erhalten Besucher einen tollen Einblick in die biologischen Prozesse dieser Landschaft und können sich auf unterschiedlichen Pfaden selbst ein Bild von der einzigartigen Umgebung machen.

Im Saal des Zentrums finden außerdem regelmäßige Kunstausstellungen statt, und einmal im Monat kommt ein Filmvorführer und zeigt anspruchsvolle Kinostreifen mit anschließender Diskussionsrunde.

MOORiZ – Moorinformationszentrum Wedemark-Resse · Mi–So 11–17 Uhr · Altes Dorf 1 b
30900 Wedemark · Tel. 05131/479 97 44 · www.mooriz.de

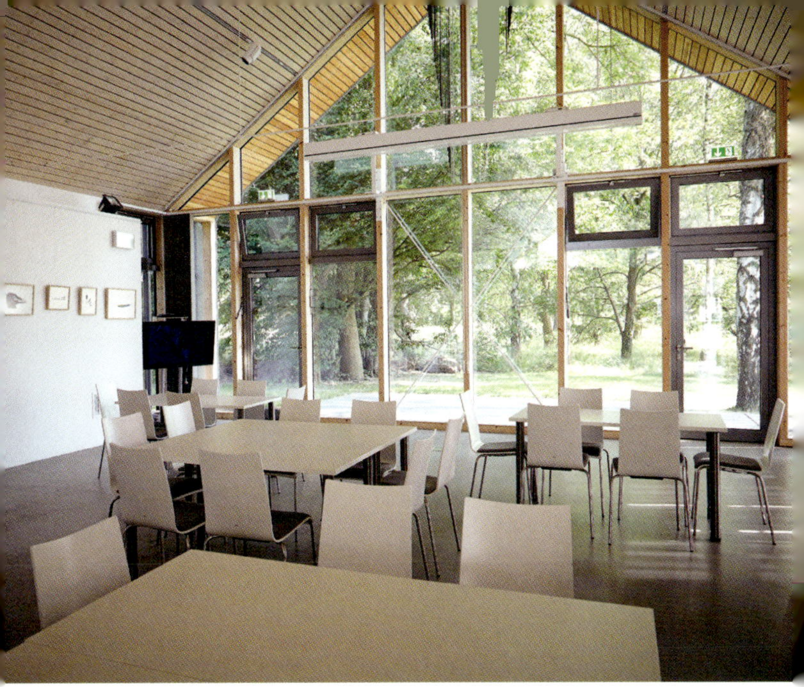

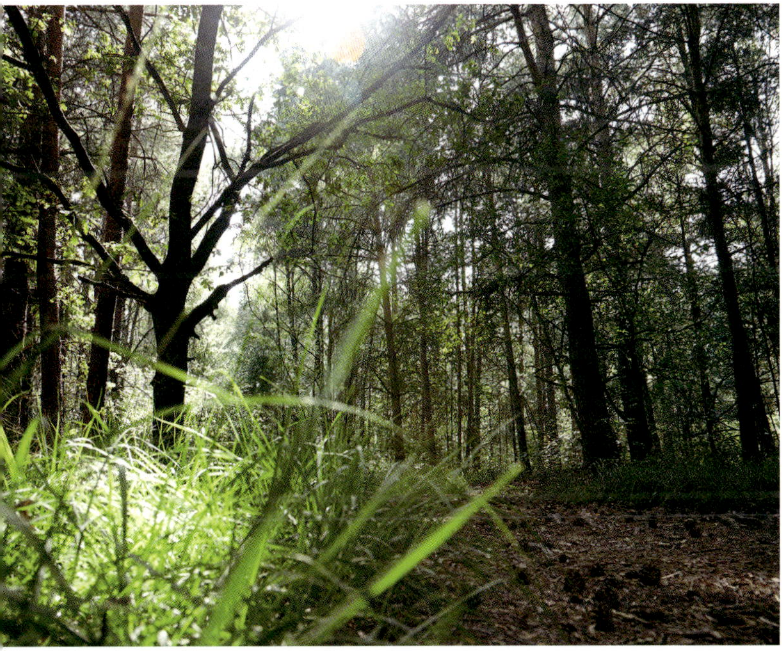

81 TRADITION UND WETTKAMPF

Neben Fußball gibt es in Hannover eine große Leidenschaft für einen anderen Ballsport: Rugby. National gesehen ist Hannover sogar so etwas wie eine Rugby-Hochburg. Das beweisen zahlreiche aktive Vereine: Und der erste deutsche Rugby-Klub wurde sogar in Hannover gegründet.

Klar, Hannoveraner lieben Fußball – nicht nur, wenn Hannover 96 international spielt. Doch Fußball, das war vor dem Ersten Weltkrieg noch nicht das Spiel, bei dem 22 Männer auf zwei Tore schießen. Es war das Wort für die britische Sportart Rugby, die schon früh in der Stadt gespielt wurde.

Das Spiel ist wahrscheinlich von Briten nach Hannover gebracht worden, die hier lebten und sich in der Masch oder auf der Bult zum Rugbyspielen trafen. Viele begeisterte Schüler schauten ihnen an den Wochenenden zu und gründeten schließlich ihre eigenen Vereine an den Schulen.

Am 14. September 1878 gründete eine Gruppe Schüler um den damals 14-jährigen Ferdinand Wilhelm Fricke den Deutschen Fußballverein Hannover 1878: Es war der erste deutsche Rugbyklub.

Einige Jahre später dann benannte er sich um in Sportverein. Wegen fehlender Mannschaften, um gegeneinander zu spielen, engagierte sich der Gründer wenige Jahre später dann auch dafür, dass in Hannover ein weiterer Sportverein gegründet wurde, der heute wesentlich bekannter ist: Hannover 96. Viele Fans des Bundesligavereins müssen also dem Rugby dankbar sein, wenn sie sonnabends ins Stadion gehen.

Dass der Sport immer noch sehr beliebt ist, zeigen die zahlreichen aktiven Vereine, in denen es auch Frauenmannschaften gibt. Und noch heute gilt Hannover neben Heidelberg in Deutschland als Rugby-Hochburg. Hannover 78 ist dabei nicht der einzige Verein, der die Szene prägt. Innerhalb der Stadt gibt es sogar eine kleine, liebevoll gelebte Konkurrenz zwischen den Klubs, die auch gerne mal gegeneinander antreten.

Deutscher Sportverein Hannover gegr. 1878 · Ferdinand-Wilhelm-Fricke-Weg 2
30169 Hannover · Tel. 0511/18780 · www.hannover78.de

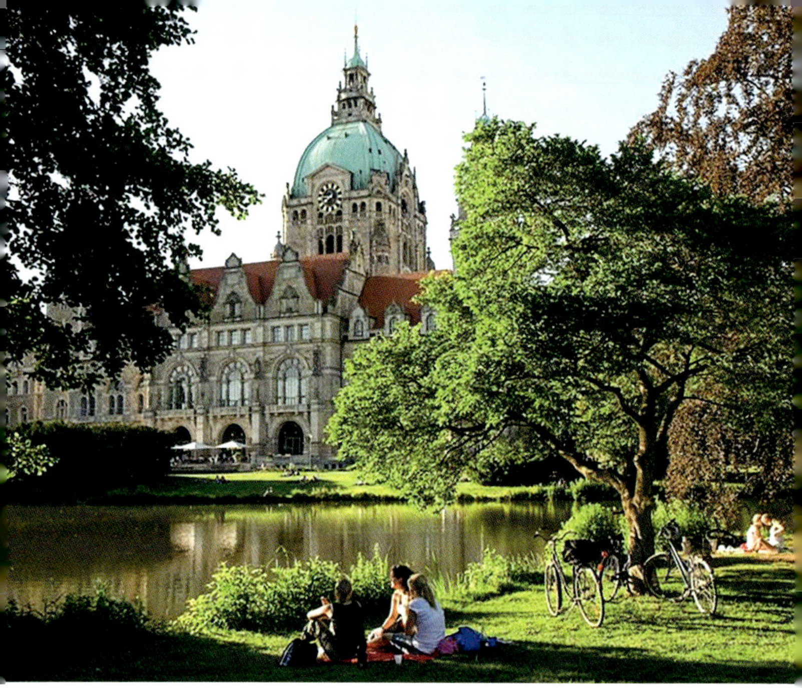

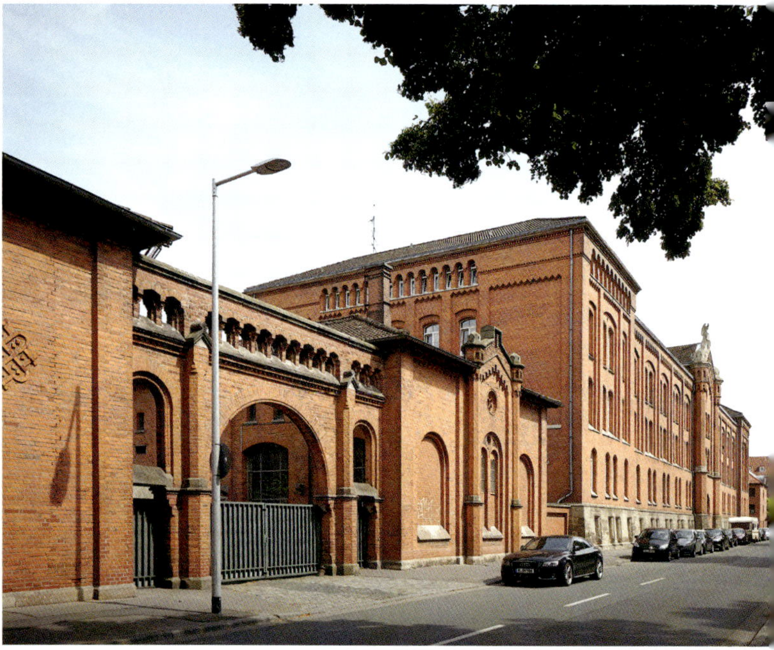

DER GRÜNE TRIP HANNOVERS

82

Früher galt Hannover als die perfekte Stadt für Autofahrer. Doch in den vergangenen Jahrzehnten wurde die Infrastruktur für Fahrradfahrer massiv verbessert, sodass Hannover heute als eine der fahrradfreundlichsten Kommunen Deutschlands gilt. Und die schönste Route für Radler ist der Julius-Trip-Ring. Auf rund 25 Kilometern führt die Tour einmal rund um die Stadt. Julius Trip war von 1897 bis 1907 erster Stadt-Gartendirektor von Hannover. Er legte viele Gärten an, unter anderem den heute besonders bei Paaren so beliebten Maschpark hinter dem Rathaus. Durch seine Arbeit legte er den Grundstein für das heutige grüne Image. Wenn Hannover sich selbstbewusst als »Stadt der Gärten« präsentiert, dann ist es auch Trips Vermächtnis. Den genauen Streckenverlauf und weitere Informationen zu den verschiedenen Stationen bietet die Stadt Hannover auf ihrer Website an.

Julius-Trip-Ring · www.hannover.de/Kultur-Freizeit/Naherholung/
Natur-erleben/Radfahren/Der-Julius-Trip-Ring

PFERDE DIESER STADT

83

Es riecht nach Pferd. Fünf Minuten vom Hauptbahnhof entfernt kriecht einem auf einmal dieser Geruch in die Nase, der an Sommerferien auf dem Reiterhof erinnert. Und in den warmen Sommermonaten hört man überall in der Stadt dieses angenehme Klackern von Hufeisen auf dem Asphalt. Die Gebäude der Reiterstaffel der Polizei am Welfenplatz wirken so weit über die Stallungen hinaus.

Hier werden überwiegend Hannoveraner gehalten, diese stolze, kräftige Rasse, die ursprünglich für die Arbeit auf dem Feld und den Militärdienst gezüchtet wurde. Bis heute konnte sich die berittene Polizei in Hannover gegen jeden Sparplan der Politik wehren: Hannovers Polizei ohne Hannoveraner, also ohne Pferde? Undenkbar.

Welfenplatz · 30161 Hannover

84 IMMER AN DER LEINE ENTLANG

Windsurfen, Segeln, Kanufahren – die Region Hannover eröffnet perfekte Bedingungen für Wassersportler. Leine und Ihme bieten abseits des beliebten Maschsees einiges zum Erleben. Die Flüsse sind fast durchweg befahrbar, und mit einem Kanu kann man parallel zur Innenstadt paddeln – bis zum Landtag.

Bekommt Hannover eine künstliche Welle zum Surfen? Die Pläne einiger stadtbekannter Aktivisten werden heiß diskutiert. Direkt am Landtag soll dieses Paradies für Wellenreiter entstehen.

Bis das Ganze realisiert wird, müssen sich die Hannoveraner noch mit zahlreichen anderen Aktivitäten auf dem Wasser begnügen. Aber das sollte kein Problem sein: Denn Segler, Kanuten und Stand-up-Paddler finden auf den Flüssen und Seen in der Region ideale Bedingungen.

Das Venedig Norddeutschlands, so wurde Hannover schließlich vor dem Zweiten Weltkrieg nicht ganz unernst und nicht ohne Grund genannt. Und auch heute erkennt man anhand der zahlreichen Flüsse und Seen in der Region, wie nah die Stadt am Wasser gebaut ist. Eine Kanutour über Leine und Ihme bietet dabei die perfekte Gelegenheit, Hannover einmal aus einer ungewohnten Perspektive zu genießen.

Ob eine besinnliche Reise über die Leine oder ein Abstecher in die Natur mitten in der Stadt – die Ausflüge auf dem Wasser sind erholsam und ein kleines Abenteuer. Die Touren dauern zwei bis drei Stunden und kosten 20 Euro pro Person. Egal ob zu zweit oder in einem Einerkanu – schon Anfänger können nach einigem Üben ohne große Probleme auf den ruhigen Flüssen paddeln. Nur die Scheu vor dem Wasser müssen sie natürlich ablegen und immer darauf achten, nicht gegen das Ufer oder andere Boote zu fahren. Denn die Gewässer in Hannover sind beliebt. Ansonsten müssen die Kanuten nur mit den neidischen Blicken der Zuschauer am Ufer umgehen lernen. Die wollen sicher gerne die Plätze tauschen. So viel Spaß macht eine Wasserwanderung eben in Hannover.

Kanutour über Hannovers Flüsse · Tel. 05042 / 74 70 · www.paddeltouren.de

85 STADT IM WANDEL

Die Zahl der engagierten Projekte in Hannover ist in den vergangenen Jahren stark gestiegen. Eine der aktivsten Gruppen ist Transition Town Hannover, die nach Alternativen beim Wirtschaften und bei urbaner Planung sucht. Die Mitglieder sorgen mit dafür, dass die Stadt bunter, vielfältiger und nachhaltiger wird.

Klimawandel, Artensterben, knappe Ressourcen – die Erkenntnis, dass unser Wirtschaften Grenzen hat, setzt sich stetig in der Gesellschaft durch. Immer mehr Menschen engagieren sich daher für Umweltschutz und eine nachhaltigere Stadtplanung und entdecken dadurch ihre Stadt wieder ganz neu. Auch in Hannover nahmen solche Projekte in den vergangenen Jahren stark zu. Eine der engagiertesten Gruppen ist dabei Transition Town Hannover. Als ihr Meisterstück gilt der ehemalige Parkplatz der Continental-Fabrik in Limmer: Dort wurde vor einigen Jahren innerhalb von nur wenigen Monaten aus einer Brachfläche ein mobiler urbaner Garten gezimmert. Die Menschen treffen sich dort zum Gärtnern und zum Austausch.

Knapp vier Jahre nach der Gründung hat sich die Gruppe zu einer wichtigen umweltpolitischen Stimme in der Stadt entwickelt. Dabei sind die Aktionen nicht nur auf Urban Gardening – das städtische Gärtnern – reduziert. Die Mitglieder organisieren konsumkritische Stadtführungen, gemeinsames Kochen, Workshops und Vorträge. Es gibt Initiativen, kooperative und erneuerbare Energieversorgung zu organisieren, und mit der »Utopionale« ein Filmfestival über Alternativen in der Gesellschaft und über die Transition Town Hall. Dabei handelt es sich um ein Projekt, das ein altes Industriegebäude nachhaltig und sozial umbauen will, sodass hier Menschen unterschiedlichster Herkunft und sozialen Standes leben und arbeiten können.

Dabei geht es bei Transition Town undogmatisch zu. Die Gruppen arbeiten im losen Verbund, und jeder kann mitmachen. Das Ziel ist schließlich, gemeinsam eine neue Stadt und eine neue Gesellschaft zu erschaffen, die bunter, nachhaltiger und gerechter ist.

Transition Town Hannover · www.tthannover.de

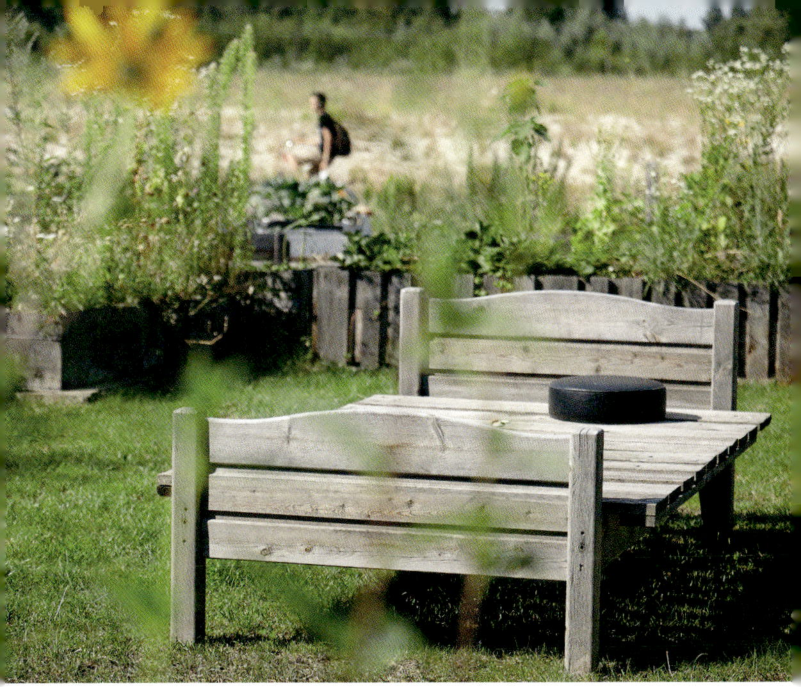

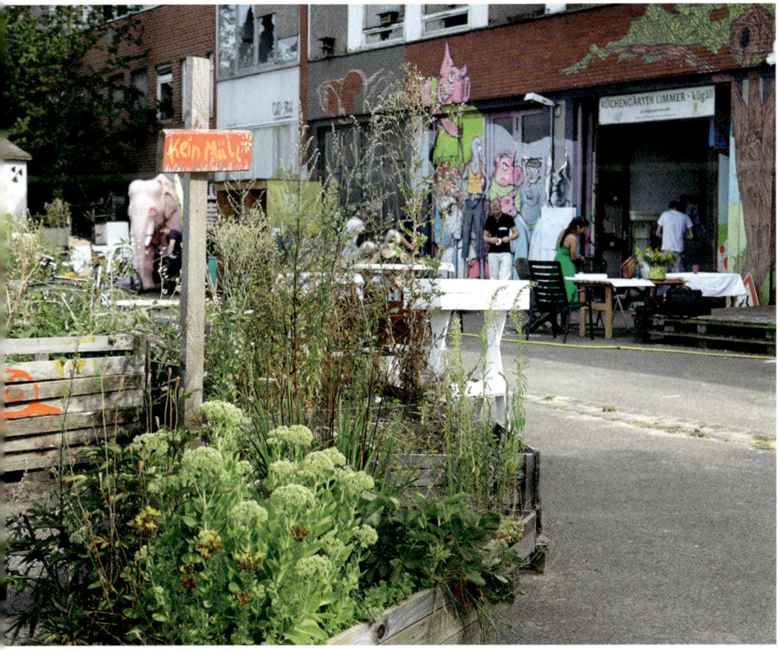
Kein Müll
KÜCHENGÄRTEN LIMMER - kügäli

AB IN DEN UNTERGRUND

Eine Stadt besteht aus mehr, als man an der Oberfläche sieht. Unter der Innenstadt von Hannover erstreckt sich eine ganz eigene Welt: Tunnel, Bunkeranlagen und ganze U-Bahn-Stationen warten darauf, entdeckt zu werden. Eine geführte Tour zeigt die spannende Geschichte des Untergrundes.

Hannovers Innenstadt musste sich in den vergangenen Jahrzehnten immer wieder radikal neu erfinden. Im Zweiten Weltkrieg wurde die Stadt nahezu komplett zerbombt. In den 1950er-Jahren wurde sie zum Spielplatz von Vordenkern des Individualverkehrs – für den Umbau zur autogerechten Stadt erhielten die Planer internationalen Ruhm. Doch spätestens in den 1980er-Jahren erlebte man, wie die Konzentration auf Autoverkehr und Gewerbe eine Stadt grau und auch bedrohlich machen kann.

Zur Expo 2000 wurde die Innenstadt dann massiv umgebaut. Aus der versifften Passarelle, einer tiefer liegenden Einkaufspassage, wurde die edle Niki-de-Saint-Phalle-Promenade.

Auch wenn die City inzwischen auf Hochglanz poliert ist, die Geschichten um die Welt unter der Oberfläche sind geblieben. Unter der Stadt, zum Beispiel unter dem Hauptbahnhof, soll es noch eine Vielzahl Tunnel, Gänge und alte Bunkeranlagen geben. Auch der berüchtigte Räuber Jasper Hanebuth soll – so erzählt man sich in einem alten Mythos – im späten Mittelalter über angebliche Tunnel immer wieder aus der Stadt in die Eilenriede geflüchtet sein.

Dass es in der City aber wirklich eine Stadt unter der Stadt gibt, das kann man auf der Tour »Der Hauptbahnhof Hannover – zwischen Verkehrsknotenpunkt und Flaniermeile« von Stattreisen erleben. Denn unter dem großen Bahnhof finden sich zahlreiche Tunnel, versteckte Passagen und sogar eine ganze U-Bahn-Station, die nie eingeweiht wurde.

Neben dieser »Geister-U-Bahn-Station« führt die Tour auch zum alten Postbahnhof.

Tour: »Der Hauptbahnhof Hannover – zwischen Verkehrsknotenpunkt und Flaniermeile«
Escherstraße 22 · 30159 Hannover · Tel. 0511 / 1 69 41 66 · www.stattreisen-hannover.de

87 DAS KLOSTER IM GEWERBEGEBIET

Mit dem buddhistischen Kloster Pagode Viên Giác steht mitten im Gewerbegebiet im Süden Hannovers eine kleine Insel der Spiritualität. Besucher finden in den Räumen Erleuchtung und Ruhe vom Alltag. Das Glaubenszentrum ist eines der Größten seiner Art außerhalb Asiens.

Eingezwängt zwischen Gewerbehöfen, einem ein wenig tristen Wohnblock und einer Kleingartenkolonie erhebt sich auf einmal eine riesige Buddha-Statue. Rund sieben Meter hoch ist die Skulptur und wohl die Größte ihrer Art in Europa. Sie gehört zum buddhistischen Kloster Pagode Viên Giác – einem der wichtigsten Glaubenszentren in Deutschland.

Ende der 1980er-Jahre wurde hier der Grundstein für eines der größten buddhistischen Klöster außerhalb Asiens gelegt. 1993 wurde der Tempel dann eingeweiht, und jeden Morgen treffen sich hier Mönche, Gläubige und Interessierte zum Gebet. Tagsüber werden Workshops, Führungen, Meditationen und Lehrgänge angeboten. Viele der Veranstaltungen sind dabei in vietnamesischer Sprache, denn das Zentrum ist für die rund 120 000 vietnamesischstämmigen Buddhisten Deutschlands der wohl wichtigste religiöse Treffpunkt. Doch auch Aktionen auf Deutsch – häufig in Kooperation mit dem Bildungsverein oder der Volkshochschule Hannover – finden täglich statt. Im Zentrum stehen dabei stets die buddhistischen Lehren der Achtsamkeit, des Mitgefühls, des Geistestrainings und des Strebens nach Weisheit.

Von außen betrachtet ist das Gelände etwas ganz Besonderes. Das Glaubenszentrum der vietnamesischen Mönche und das angegliederte Kloster wollen zwar nicht auffallen. Doch die Besucher merken sofort, dass sich hier ein Ort des Rückzugs befindet. Eine Insel inmitten von Hannover, die zu Ruhe, Entspannung und Einkehr einlädt. Besucher können während der Öffnungszeiten einfach spontan vorbeischauen oder sich vorher anmelden, um einen Gesprächspartner zu haben, mit dem sie sich austauschen können.

Pagode Viên Giác · Karlsruher Straße 6 · 30519 Hannover · Tel. 0511 / 87 96 30
www.deutsch.viengiac.de

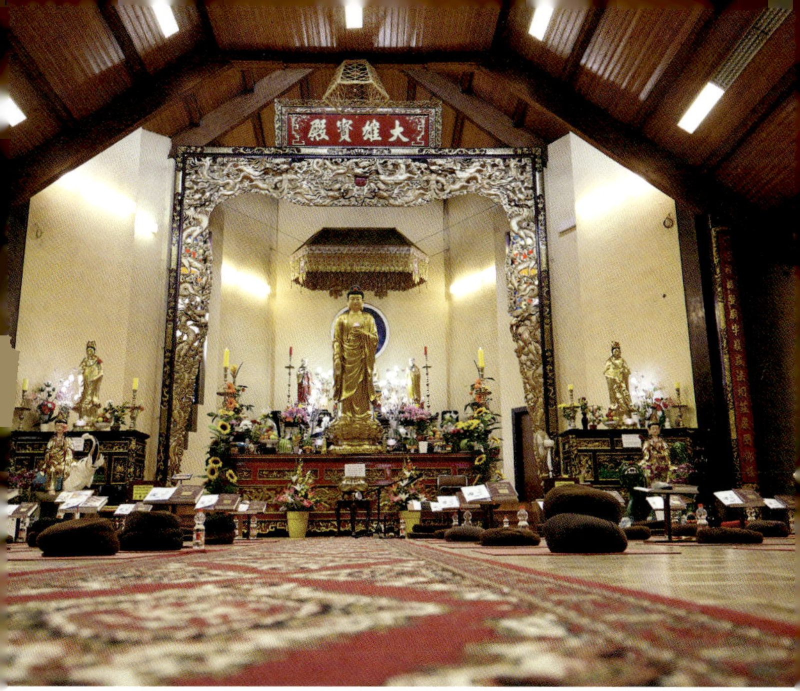
大雄寶殿

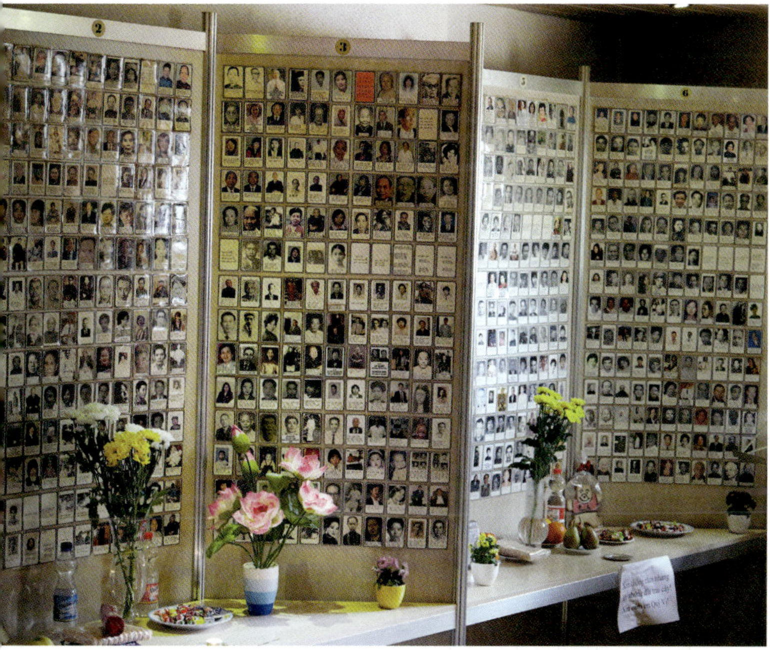

EIN BAUERNHOF IN DER STADT

Auf dem Stadtteilbauernhof Sahlkamp lernen die Besucher die schönen, aber auch die anstrengenden Seiten des Lebens auf einem Hof kennen. Bevor die Kinder Tiere reiten, füttern oder streicheln können, müssen nämlich die Ställe und die Ausläufe gereinigt und eingestreut werden.

Im Norden Hannovers erwartet Besucher eine eigene kleine Welt, die niemand von außen vermuten würde: Die Hochhausblöcke des Sahlkamps im Blick betreten Besucher des Stadtteilbauernhofs eine Oase der Ländlichkeit. Hier leben Pony, Esel, Ziege, Schaf, Schwein, Kaninchen, Huhn und Ente vergnügt miteinander – und das mitten in der Stadt.

Unter der Woche haben Kinder und Erwachsene die Möglichkeit, den Bauernhof zu besuchen und so einen kleinen Einblick in das Leben auf dem Hof zu bekommen. Die Besucher müssen beim Füttern und Pflegen der Tiere und im Garten mithelfen. So lernen sie, Verantwortung zu übernehmen. »Bevor geritten wird, die Tiere gestreichelt werden oder kreative Basteleien begonnen werden, helfen die Kinder beispielsweise beim Stallausmisten mit«, so das Team. Denn neben dem Spaß, den die Besucher mit den Tieren haben können, geht es auch darum, Verantwortungsbewusstsein für die Lebewesen zu vermitteln.

In verschiedenen Themenangeboten am Vormittag, aber auch in Projekten am Nachmittag in der »Offenen Tür« bringen die Mitarbeiter des Stadtteilbauernhofs Kindern spaßig und informativ näher, wie schön das Leben mit Tieren und im Garten sein kann.

Der Stadtteilbauernhof versteht sich dabei jedoch nicht als Streichelwiese: Gruppenbesuche sind vormittags möglich, aber nur nach Anmeldung, und sie sind kostenpflichtig. Doch bei der »Offenen Tür« dürfen einzelne Kinder zwischen sechs und 14 Jahren ohne Anmeldung und kostenfrei vorbeikommen. Kinder unter sechs Jahren dürfen sich immer montagnachmittags zum sogenannten Miniclub anmelden.

Stadtteilbauernhof Sahlkamp · Mo–Di und Do–Fr 14.30–18 Uhr · Rumpelstilzchenweg 5
30179 Hannover · www.stadtteilbauernhof-hannover.de

89

FÜR AUFSTEIGER

Bis die Kraft die Arme verlässt – eine Session in der Boulder-Halle Escaladrome am Mittelfelde ist ein extremes Fitnesstraining. Für Kletterer ist das Haus zwar kein Geheimtipp mehr, doch Einsteiger finden durch die gute Stimmung, die verschiedenen Schwierigkeitsstufen und das Kinderprogramm hier ein neues Hobby.

Wenn Spiderman trainieren müsste, er würde in die Boulder-Halle Escaladrome fahren. Hier kann man Menschen dabei zusehen, wie sie scheinbar ohne Probleme an steilen Wänden hochklettern. Unästhetisch und schwerfällig kommt man sich vor, wenn man sich zum ersten Mal an den Griffen die Wände hochhangelt. Es ist anstrengend und eine Herausforderung für jeden Muskel des Körpers.

Doch für die Kletterer kommt Style erst nach dem Spaß. Hier erlebt man als Anfänger nie Häme durch die Profis: Die Stimmung in den beiden Hallen ist immer freundlich und unterstützend. Gerne hilft man einander mit Kreide oder auch mal einem Schluck Wasser aus. Oder man zeigt sich gegenseitig die besten Routen nach oben. Und das ist auch gut so, denn das Bouldern ist anstrengend. Anfänger schaffen selten mehr als zwei Stunden und fühlen sich danach, als hätten sie ein aufwendiges Militärtraining hinter sich.

Im Gegensatz zum traditionellen Klettern ist man beim Bouldern nicht angeleint und die Höhe der Wände ist immer so, dass man ohne Probleme abspringen kann. Für den Schutz liegen überall federnde Matten. Es gibt verschiedene Routen, die regelmäßig neu gebaut werden.

Die Betreiber bieten darüber hinaus spezielle Kurse für Kinder und Jugendliche an, auch den Kindergeburtstag im Escaladrome zu feiern ist kein Problem. Equipment wie Kreidesäckchen und Schuhe lassen sich leihen, und in der angeschlossenen Bar bekommen die Kletterer neben einem leckeren Cappuccino auch mal ein wohlverdientes Bier. Hier schaut auch niemand komisch, wenn man die Flasche nach einer langen Session aus Mangel an Kraft mit zwei Händen halten muss.

Escaladrome · Mo–So 13–23 Uhr · 10 Euro · Am Mittelfelde 39 · 30516 Hannover
Tel. 0511 / 4 75 64 44 · www.escaladrome.de

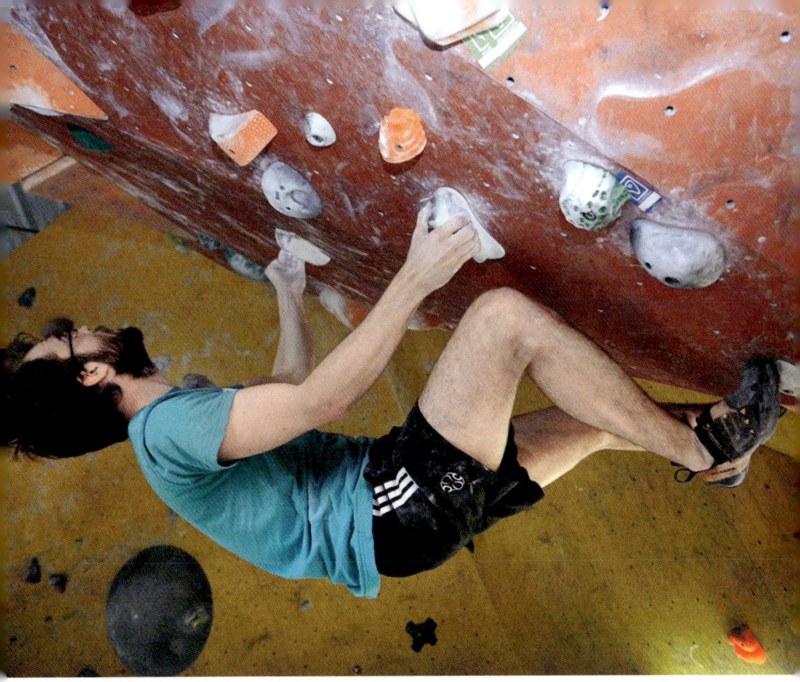

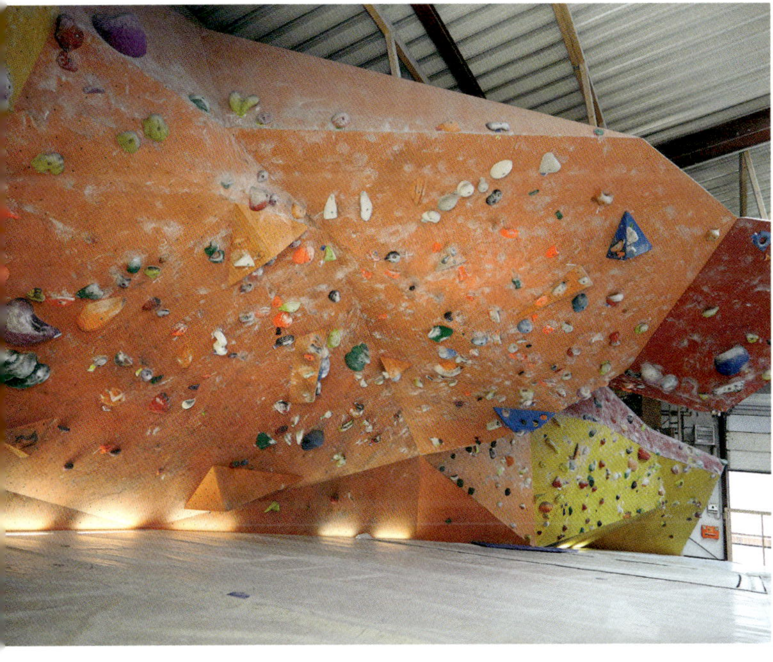

90 ROCKEN UND ROLLEN

Mit viel Engagement hat der Verein 2er Skateboarding aus einer alten Industriebrache einen tollen Skateboardpark gebaut. Im Sommer wird er außerdem noch zum Kulturtreff und Festivalort. Und das Konzept exportieren die Macher auch in andere Länder: Sie haben bereits in Asien und in Südamerika Skateparks gebaut.

Am Anfang musste man sich hier durchs Gebüsch schlagen, um das kleine versteckte Skaterparadies zu finden. Inzwischen ist der 2er Skatepark im Lindener Gewerbegebiet aber weitaus einladender und einfacher zu erreichen. Innerhalb weniger Jahre haben sich die Skater hier ein eigenes Refugium erschaffen. Rampen wurden gebaut und Pools aus Beton gegossen – für Skateboarder, BMX-Fahrer und Inlineskater ist es ein wahres Fest, hier zu fahren. Anstatt auf Hilfe von der Stadt oder von einem großen Investor zu warten, wurde hier von Anfang an alles selbst gemacht.

Doch nicht nur der Sport ist dem Verein 2er Skateboarding wichtig: Regelmäßig werden hier Konzerte und Partys gefeiert, im Sommer sogar Minifestivals mit zahlreichen Bands. Das Know-how, das die Vereinsmitglieder beim Bauen des 2ers gewonnen haben, bringen sie dabei auch bei anderen Parks in Hannover unter.

Doch das Wissen ist nicht nur auf die eigene Region beschränkt. Sogar in Asien und Südamerika haben einzelne Aktivisten bereits Skateboardparks initiiert. Ein toller Beweis, dass die Liebe zum Rollen keine Grenze kennt und Eigeninitiative der beste Weg ist, Träume zu erreichen.

> Direkt neben dem 2er Skatepark ist ein kleines Containerdorf entstanden, das Platzprojekt: Hier wächst ein ganz eigener Freiraum, der einen Besuch durchaus lohnt.

Denn der alte Gedanke aus dem Punkrock, das Do It yourself!, das Selbermachen, steht bei allen Aktivitäten rund um den Park im Zentrum. Dazu gehört auch, dass sich die Skater selbstverantwortlich darum kümmern, dass alles immer sauber ist und es zu keinen Exzessen oder Gewalt kommt. Die Stimmung spürt man sofort: Hier geht es um den gemeinsamen Spaß beim Skaten.

2er Skatepark · Mo–So 8–22 Uhr · Fössestraße 105 · 30449 Hannover · www.2erskate.de

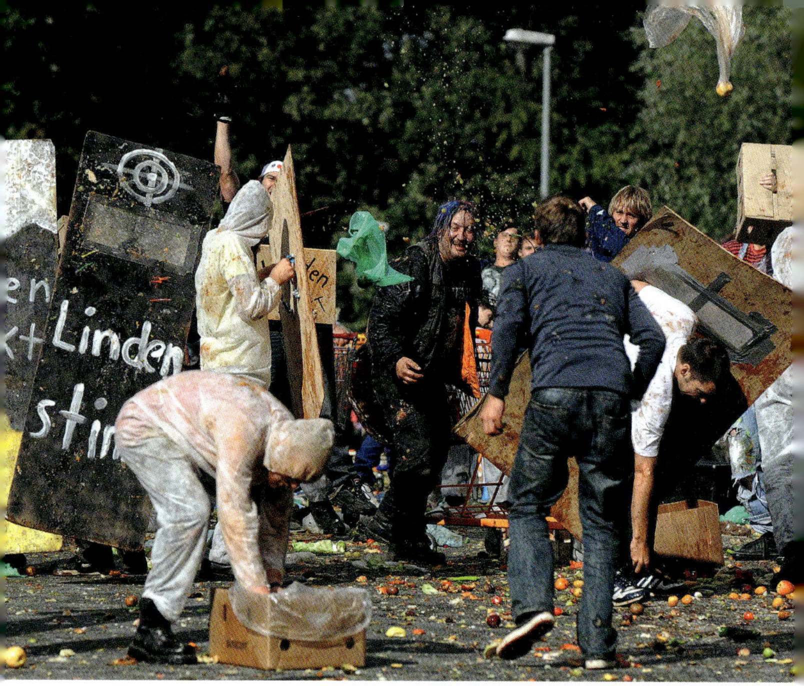
Linden

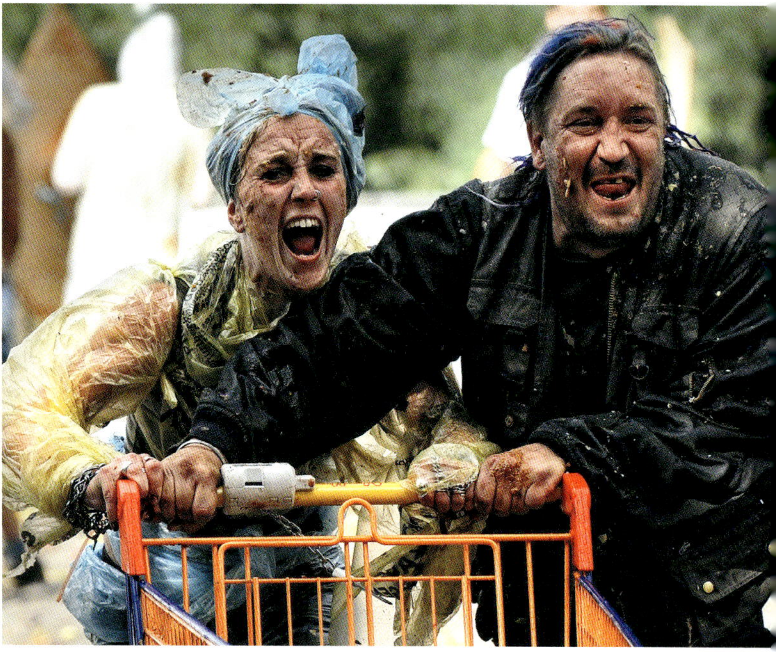

LASSET DAS GEMÜSE REGNEN

Für viele gibt es nur zwei Stadtteile in Hannover, wo es sich gut leben lässt: Doch Linden und die Nordstadt mögen sich nicht. Aus alter, aber nicht ganz ernst gemeinter Rivalität messen sich jedes Jahr im Herbst die Mutigsten der beiden Stadtteile auf der Dornröschenbrücke in einem ungewöhnlichen Kampf – der Gemüseschlacht.

Es stinkt, und es ist schmutzig, doch alle grinsen. Was aussieht wie die Horrorvorstellung jedes Reinigungsunternehmens ist eine der größten Partys in Hannover: Die Gemüseschlacht verwandelt die Dornröschenbrücke zwischen Linden und der Nordstadt jedes Jahr am ersten Samstag im September in ein wildes Schlachtfeld.

Vergammeltes Gemüse, kistenweise fauliges Obst, Fischköpfe und sogar Wasserbomben, gefüllt mit Saft, wechseln die Seiten. Einige Enthusiasten sammeln bereits Monate vor dem Termin bei ihrem Gemüsehändler Munition und basteln allerhand Kriegswerkzeug: Egal ob Zwillen, Schilder oder Katapulte – hier wurde schon einiges an Geschützen aufgefahren.

Dabei vergessen die Teilnehmer auf beiden Seiten nie, dass es im Grunde nur ein Spaß ist. Beide Stadtteile behaupten von sich, der beste in Hannover zu sein. Andere Viertel werden da natürlich herzlich ignoriert, Bewohner dürfen sich aber gerne eine der beiden Parteien auswählen, um darum zu kämpfen, wer in Hannover besser ist.

Ihren Ursprung hat die Gemüseschlacht in einem Scherz zwischen Punks aus den unterschiedlichen Stadtteilen. Die Legende besagt, dass bei einem Bier entschieden wurde, den alten Streit bei einer Gemüseschlacht auszutragen. Die Rivalität der beiden Stadtteile geht jedoch noch weiter. Linden war bis zur Eingemeindung durch die Nationalsozialisten eine eigenständige Stadt. Viele Bewohner sehen sich auch heute noch als unabhängig vom Rest von Hannover. Lange gab es keine direkte Verbindung zwischen den beiden ehemaligen Arbeiterstadtteilen außer einer Fähre. So staute sich anscheinend über Jahrzehnte ein Argwohn auf, der im Herbst explodieren muss. Wer am Ende gewinnt, ist fast egal.

Gemüseschlacht zwischen Linden und Nordstadt · jeden ersten Samstag im September

92 DIE GESCHWINDIGKEIT DER GROSSSTADT

Von wegen belächelte Provinz. In Hannover erlebt man an vielen Plätzen, welche Dynamik diese Großstadt haben kann. Besonders am Schwarzen Bär in Linden ist die Stadt schnell, lebendig und bunt. Zwischen Ihme-Zentrum und Falkenstraße wird Urbanität gelebt wie an wenigen anderen Orten sonst.

Hannover ist eine Großstadt. Nicht nur wegen der Einwohnerzahlen, der Infrastruktur, dem Aufbau der Wirtschaft oder dem Angebot in Kultur und Bildung – auch vom Lebensgefühl her braucht sich die Stadt nicht hinter Metropolen wie Hamburg, München oder Berlin zu verstecken.

Einer der besten Orte in Hannover, um diese urbane Dynamik zu spüren, ist der Schwarze Bär am Eingang zu Linden-Mitte und Linden-Süd. Hier knallt die ganze Kraft Lindens aufeinander: Das brutale Ihme-Zentrum, die Eleganz des Capitol-Hochhauses, die Geschwindigkeit der Straßenbahnen und Busse, die hier durchpflügen, die alten, großen Gründerzeithäuser mit ihren bunten Kneipen im Erdgeschoss. Am Schwarzen Bär in Linden können sich Hannoveraner so urban fühlen, wie sie es als Touristen immer gerne in Städten wie Berlin oder Hamburg sind. Hier stehen sich Schmutz, altehrwürdige Bürgerlichkeit, Moderne und Tradition direkt gegenüber und verleihen der Gegend ihren speziellen Charme.

Die Kreuzung vereint dabei nicht nur die verschiedenen Verkehrsströme, es handelt sich auch metaphorisch gesehen um eine Kreuzung im wahrsten Sinne des Wortes. Hier kommen die Bildungsbürger aus dem schönen Linden-Mitte mit den Junkies zusammen, die wenige Meter weiter in der Methadon-Ausgabestelle ihre Tagesrationen bekommen. Hier treffen Feierwütige in Kneipen wie dem Bronco's oder dem Lux auf Strenggläubige, hier ist Hannover laut, bunt und manchmal auch ein klein wenig gefährlich.

Am schönsten wirkt die Kreuzung, wenn man sich mit einem guten Freund auf ein Bier ans Fenster einer der gemütlichen Kneipen setzt und einfach zuschaut.

Schwarzer Bär · Linden · 30449 Hannover

JETZT HEISST ES: RAUS ANS WASSER

In der Region Hannover gibt es einige tolle Badeseen, doch nur an einem finden Freunde von Wasserski und Wakeboarding ideale Bedingungen für ihren Sport: am Blauen See in Garbsen. Doch auch für Campingfans ist das Gewässer ein lohnendes Ziel – egal ob mit Zelt oder in einer der Hütten.

Seit einigen Jahren wird Wakeboarding auch in der Region Hannover immer beliebter. Trotz der Schwierigkeiten, die der Wassersport für Anfänger bereithält. Denn das Schlimmste ist der Frust bei den ersten Versuchen. Wenn man von dem Seil auf das Wasser gezogen wird und alles tut, damit man nicht hinfällt. Doch hat man einmal den Dreh raus, gibt es wenig, was auf dem Wasser mehr Spaß macht.

Am Blauen See in Garbsen steht die einzige Anlage in der Region Hannover. Hier können Einsteiger den Sport ausprobieren, und Profis finden beste Bedingungen, um über das Wasser zu gleiten und Tricks zu zeigen. Das hat sich auch in der Szene rumgesprochen, deshalb trifft man hier auch zahlreiche Auswärtige, die extra zum Fahren nach Garbsen kommen. Anfänger werden hier fair behandelt, und Fortgeschrittene geben gerne mal Tipps. Eine gute Stimmung ist den Betreibern wichtig.

Doch nicht nur zum Wakeboarding lohnt sich ein Besuch am Blauen See: Auch das klassische Wasserskifahren ist hier nicht außer Mode und wird für Anfänger und Profis angeboten. Von Mai bis September gibt es Kurse für unterschiedliche Erfahrungen. Doch auch freies Fahren ist natürlich möglich.

Wer nach dem Wassersport zu müde ist, um nach Hause zu fahren, kann sich auf dem angrenzenden Campingplatz ausruhen. Egal ob mit dem Zelt oder dem Wohnmobil – hier gibt es genug Platz. Und sogar Blockhütten für die ganze Familie können gemietet werden. Der Blaue See ist so eines der schönsten Ziele für den Kurzurlaub im Sommer. Die Öffnungszeiten des Wakeboard- und Wasserskiverleihs variieren dabei je nach Jahreszeit, sind aber immer aktuell auf der Website zu finden.

Blauer See · Am Blauen See 119 · 30823 Garbsen · Tel. 05137/8 99 60 · www.camping-blauer-see.de

94 DIE ZUKUNFT DES KREATIVEN ARBEITENS

Wozu noch ins Großraumbüro gehen, wenn Arbeiten auch Spaß machen kann: Der Edelstall im Capitol-Hochhaus am Schwarzen Bären ist der charmanteste Co-Working-Space Hannovers. Hier treffen sich Journalisten, Designer, Eventmanager und Programmierer, um ihre Vorstellung von moderner Arbeit auszuleben.

Der Blick ist schon mal ziemlich gut. Aber die Menschen sind nicht hier, um den lebendigen Platz Schwarzer Bär zu beobachten. Sie sind hier zum Arbeiten. Denn der Edelstall ist kein Abhängbüro: Hannovers bester kommerzieller Co-Working-Space ist ein Labor für viele kreative Prozesse in dieser Stadt. Die Gründer sind selbst profilierte Designer, Handwerker und Künstler, die sich irgendwann in ihrem Studium einmal zusammengeschlossen haben, um ihre Vision von Kreativität und Dienstleistung auszuprobieren. Bislang läuft es ziemlich gut.

Das alte Capitol-Hochhaus passt dabei perfekt zu dem Selbstverständnis, das viele Menschen hierherbringt, weshalb sie sich hier wohlfühlen und weshalb sie sich trotz aller Möglichkeiten, sich mit anderen auszutauschen, auch diszipliniert auf ihre Arbeit konzentrieren können. Das funktioniert so gut, dass viele der üblichen Arbeitsplatzmieter auch zu den Abendveranstaltungen des Edelstalls kommen. Seien es Partys oder eben ihre Out-of-the-Box-Vortragsreihe, bei der Designer und Künstler ihren Ansatz von Arbeit, Leben, Zukunft anhand von Alltagsgegenständen erklären.

Dass die Straßenbahnhaltestelle direkt vor der Haustür liegt, der Park gegenüber des Ihme-Zentrums nach langjähriger und auch scharf kritisierter Bauphase wieder offen ist, dass um die Ecke zahlreiche Imbissangebote existieren – all das sind natürlich ebenfalls Vorteile. Für Menschen, die einen geeigneten Platz für kreative Arbeit suchen, ist der Edelstall ideal. Dazu gehört auch die Ausstattung mit modernsten Arbeitsgeräten, zu denen auch beispielsweise ein 3D-Drucker gehört. Die Öffnungszeiten sind flexibel. Und auch eigene Veranstaltungen können im Edelstall organisiert werden. Momentan wird ein zweites Edelstall-Büro in der Nordstadt geplant.

Edelstall · Schwarzer Bär 2 · 30449 Hannover · www.edelstall.de

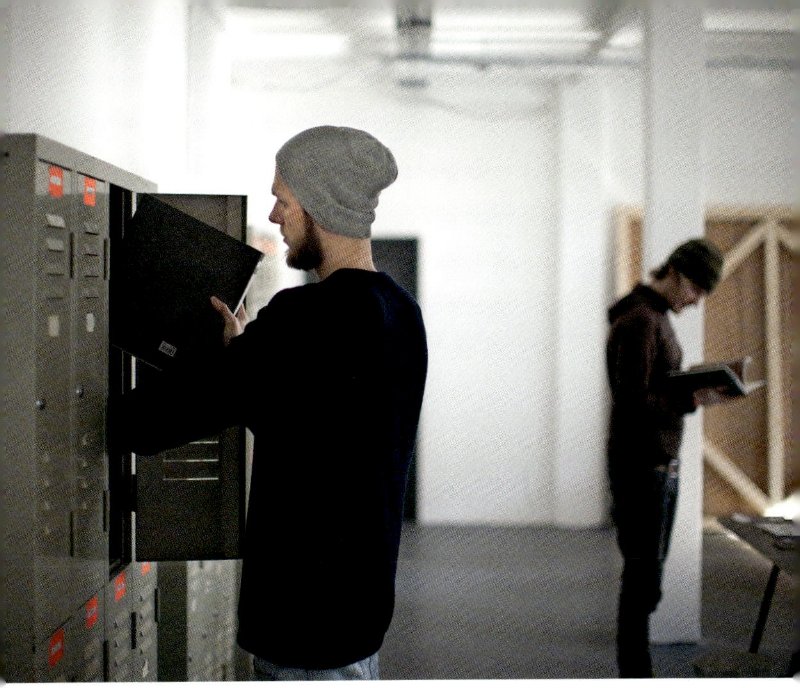

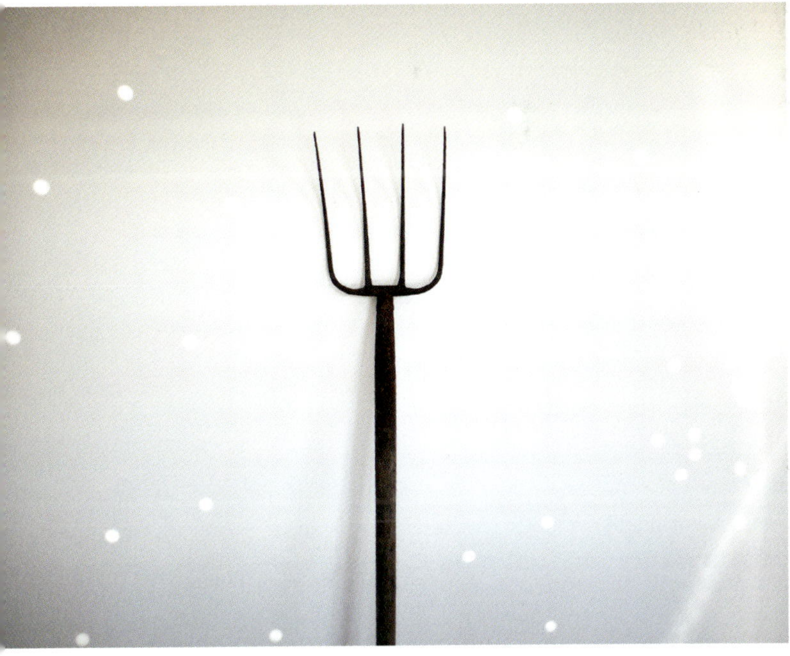

95 DER SALZBERG

Fährt man die A2 entlang, kann man das Monstrum schon von Weitem sehen. In der flachen Landschaft im Norden der Region ragt die Kalihalde in Wunstorf nahezu unwirklich empor. Es ist ein wunderschönes und gleichzeitig gruseliges Motiv. Auf dem Hügel inmitten des flachen Landes schimmern die wildesten Farben.

Im Vergleich zu anderen Regionen in Deutschland wie dem Ruhrgebiet oder Sachsen kommt es einem ein wenig komisch vor, Hannover als Bergbauregion zu bezeichnen. Zwar wurde in der Region auch Kohle gefördert, doch eine weitaus größere Rolle in der Geschichte der Industrialisierung spielten hier andere Branchen.

Rund um Hannover berichten noch heute zahlreiche Orte von der industriellen Nutzung der Landschaft. Die Kalihalde in Wunstorf ist dabei wohl eines der spektakulärsten Zeugnisse und ein beliebtes Motiv bei den Fotografen.

Denn die Farben, die auf dem Berg schimmern, sind wunderschön und verstörend zugleich. Der Hügel – vom Volksmund liebevoll Kalimandscharo genannt – ist das Ergebnis von jahrzehntelangem Kaliabbau, unter und über Tage.

Regelmäßig lädt der Betreiber des Salzbergwerks Sigmundshall Besucher zur Besichtigung ein; der Ausblick, den Besucher von ganz oben genießen können, ist dabei einmalig: Die ganze Region mit dem Deister im Süden und dem Steinhuder Meer im Norden bietet ein unverwechselbares Panorama. Sigmundshall ist gleichzeitig das letzte produzierende Kalibergwerk in Niedersachsen und schon alleine deswegen sehenswert.

> Der Kalimandscharo ist ein idealer Zwischenstopp auf einer Tour zwischen Hannover und dem Steinhuder Meer. Nur wenige Kilometer nördlich offenbart sich eine ganz andere Welt aus Wasser, Mooren und pittoresken alten Siedlungen.

Die Farben auf dem Berg selbst sind zwar fantastisch anzusehen, erzeugen aber nicht nur bei Umweltschützern ein leichtes Gruseln: Weiß, dunkelgrün und dunkelgrau schimmert der Berg von Weitem. Der Kalimandscharo ist eine der prägnantesten Landmarken der Region.

Salzbergwerk Sigmundshall – Kalimandscharo · Bokeloher Straße · 31515 Wunstorf

96 DAS LEBEN DER BAUERN

Eine kurze Fahrt raus aus dem Zentrum, und man spürt sofort, dass Hannover die Hauptstadt des größten Agrarbundeslandes Deutschlands ist. Doch abseits der modernen Realität einer hoch industrialisierten Landwirtschaft finden sich in der Region auch Zeugnisse der romantischen Tradition des Landlebens.

Niedersachsen ist Deutschlands Agrarbundesland Nummer eins. Nirgendwo sonst werden so viele Tiere gehalten, wird so viel geerntet, hat die Lobby der Landwirte so einen Einfluss auf die Politik und den gesellschaftlichen Alltag. Hannoveraner vergessen in ihrem großstädtischen Treiben gerne mal, dass keine 20 Minuten entfernt eine andere Welt existiert, in der körperlich hart gearbeitet wird, in der es nach Gülle riecht und in der die Kühe, Schweine und Hühner nicht zum Streicheln gehalten werden.

> Von Frühling bis Herbst gibt es ein Kulturprogramm, unter anderem mit Konzerten und Backtagen.

Doch auch in Hannover steht der Realität moderner Agrarindustrie die romantische Wunschvorstellung vom einfachen Landleben gegenüber. Kein Wunder bei den wunderschönen Bauernhäusern, die in der Region stehen und teilweise zu tollen Wohnhäusern umgebaut wurden.

Doch wie lebte es sich auf so einem Hof früher einmal? Interessierte können genau das im Bauernhaus Museum in Isernhagen erfahren. Der Wöhler-Dusche-Hof ist dabei im typischen Stil gebaut: weiß verputzte Wände, dunkle Holzbalken, ein spitzes Dach. Auf dem Gelände zeigen Haupthaus, Zweiständerbau mit eindrucksvollem Schmuckgiebel, die ehemalige Unterfahrscheune, der Bauerngarten, das Backhaus im Eichenwald und die Weide in ihrer ursprünglichen Form, wie das Leben hier früher einmal war.

Ein Ausflug lohnt sich besonders für Familien, denn gerade Kinder können hier viel erfahren und Spannendes erleben.

Norddeutsches Bauernhaus Museum · So 11–17 Uhr · Am Ortfelde 40 · 30916 Isernhagen Tel. 0160/95 11 85 50 · www.hannover.de

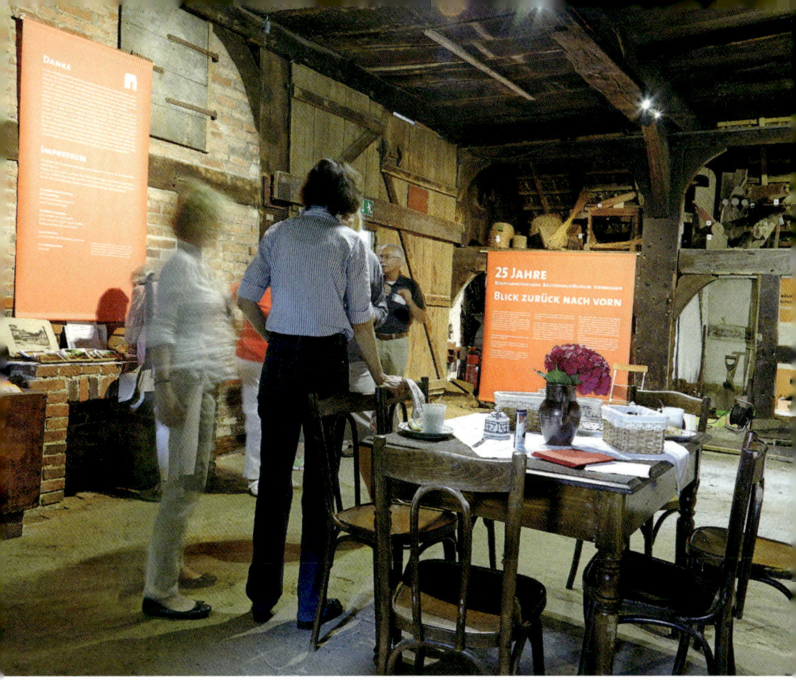
Danke
Impressum
25 Jahre
Blick zurück nach vorn

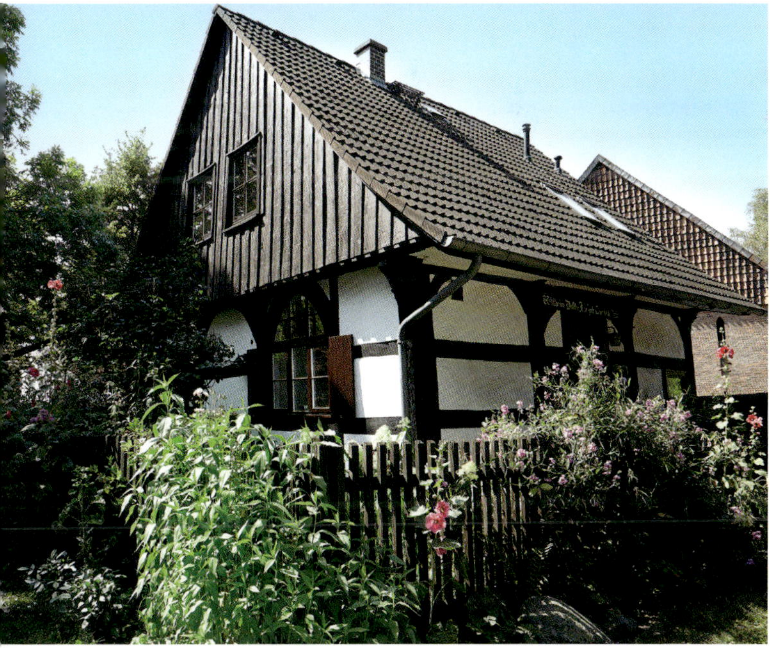

DRACHENSTEIGEN AUF DEM KRONSBERG

Raus aus der Stadt und hoch auf den Berg: Der Kronsberg am Rande Hannovers lädt ein zu einem kleinen Urlaub. Das Gelände ist ein gutes Beispiel für nachhaltige Landschaftsarchitektur und perfekt zum Drachensteigenlassen. Und man hat einen tollen Blick auf eine der größten Brachflächen der Stadt: das verödete Expo2000-Gelände.

Hannover ist generell eigentlich sehr flach. Über die Erhebungen in der Stadt lachen Menschen aus Stuttgart oder Kassel nur. Doch in der direkten Nähe gibt es einige Hügel, von denen man nicht nur einen guten Blick hat, sondern die sich auch perfekt für einen kurzen Trip eignen. Der Kronsberg ist einer davon.

Bei guter Sicht sieht man von hier aus die ganze Stadt und den Höhenzug Deister im Süden. Der Kronsberg am südöstlichen Zipfel von Hannover ist eine unwirkliche Landschaft. Zwischen dem größtenteils verlassenen Expo2000-Gelände und landwirtschaftlich betriebenen Feldern gelegen, sind die kleinen Hügel ein ideales Ziel für einen kleinen Ausflug: Bequem mit der Straßenbahn zu erreichen und besonders im Herbst der perfekte Ort zum Drachensteigenlassen.

> Ein Besuch des Expo2000-Geländes lohnt sich. Dieser Stadtteil ist größtenteils eine verlassene Brachfläche, nur in einigen Pavillons wird gearbeitet. Dazwischen entdecken Besucher die Überreste einer tollen Messe. Ideal für Freunde verwelkter Stadtentwicklung.

Das Gelände wurde für die Weltausstellung im Jahr 2000 aufwendig umgestaltet. Die Planer haben dabei vor allem darauf geachtet, dass alles ökologisch und nachhaltig geschieht. Und so schmiegen sich jetzt die Hügel sanft in die Landschaft, Bäume stehen als Alleen, und kleine Skulpturen aus Holz oder Stein ragen wie winzige Leuchttürme auf.

Gut lässt es sich auch mit der Tram anreisen. Die Endhaltestelle der Linie 6 hält direkt am Fuß des Kronsbergs. Das Expo-Gelände und der zur Expo gebaute Stadtteil Kronsberg sind auch aus städtebaulicher und architektonischer Sicht spannend.

Kronsberg · 30539 Hannover

98 WO SICH BÄR UND WOLF HALLO SAGEN

Das Wisentgehege in Springe wurde einst als Refugium für die vom Aussterben bedrohten Wisente gegründet. Inzwischen ist es mit seiner Population aber ein vollwertiger Tierpark. Wer wissen will, welche Tiere in der Wildnis Mitteleuropas leb(t)en, der findet hier Hirsche, Eulen, Wildschweine und sogar Bären und Wölfe.

Vor Urzeiten war der Wisent eines der stolzen Tiere, die durch die Wildnis Europas streiften. Doch der Mensch rottete das größte Säugetier des Kontinents nahezu aus. 1928 wurde deshalb in Springe das Wisentgehege gegründet – seitdem sind mehr als 300 der Tiere in dem ungewöhnlichen Tierpark geboren worden.

Doch heute spielt der Wisent in dem Park schon fast eine Nebenrolle. Denn Wildschweine, Wölfe, Eulen, Hirsche, Wildpferde, Otter und sogar Bären buhlen um die Aufmerksamkeit der jungen und älteren Besucher. Mehr als 100 verschiedene Tierarten leben inzwischen in dem Park am Rande des Deisters. Die Pfleger achten dabei darauf, dass sie artgerecht gehalten werden. Dabei ist die Population sehr nah an dem ursprünglichen Bestand europäischer Tierarten. Besucher können diese stolzen und wunderschön anzuschauenden Lebewesen von ganz nah beobachten und teilweise sogar füttern.

> Die Wolfsabende im Wisentgehege sind besonders spannend. Dazu wird eine begrenzte Gruppe ganz nah an die Tiere mitgenommen. Unbedingt im Voraus anmelden.

Auf einem etwa sechs Kilometer langen Rundweg lassen sich nahezu alle Tiere einmal betrachten, zwischendurch laden Spielplätze, Imbissbuden und Informationstafeln zum Pausieren ein. Hier lohnt es sich, einen Picknickkorb zu packen und bei einem Imbiss die Tiere zu beobachten. Seit 2010 lebt außerdem ein Wolfsexperte mit den Raubtieren im Gehege, der als Rudelführer Jungtiere aufzieht und Besucher über die Eigenheiten der grauen Schönheiten informiert. Und wenn die Wölfe dann heulen, bekommen Sie eine schaurig-schöne Gänsehaut.

Wisentgehege Springe · Mo–So 8.30–18 Uhr · 11 Euro · Wisentgehege 2
31832 Springe · www.wisentgehege-springe.de

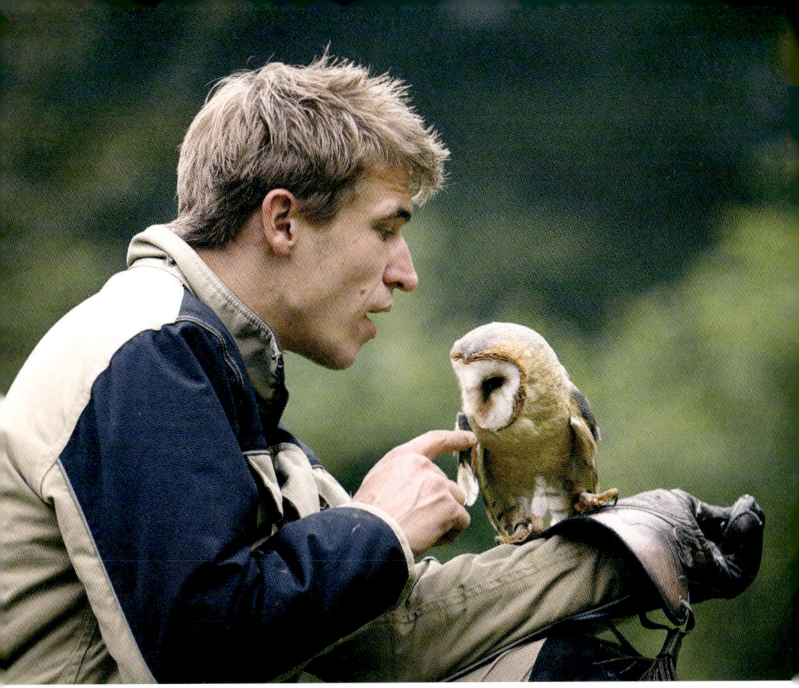

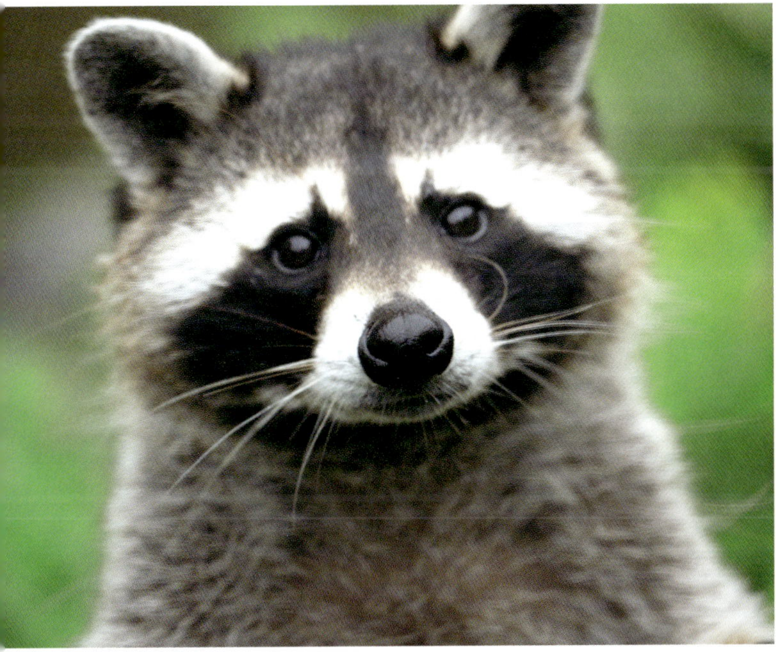

DIE REGION
VON OBEN GENIESSEN

Lautlos fliegen – dieser alte Menschheitstraum wird in einem kleinen Verein seit den 1950er-Jahren wahr gemacht. Im Luftsportverein Burgdorf wird die Leidenschaft des Segelfliegens gepflegt und seit Jahrzehnten an die jungen Generationen weitergegeben. Der Klub ist so eine Art Familie für die Sportler.

Der Luftsportverein Burgdorf ist so etwas wie eine große Familie, doch auch Neulingen steht der Verein offen. Die Mitglieder zwischen 14 und 80 Jahren haben alle den gleichen Traum: das Fliegen. Und sie arbeiten auf dem Platz im Ortsteil Ehlershausen gemeinsam daran, sich diesen zu erfüllen. Denn damit einer der Flieger abheben kann, braucht es mehr als nur den Piloten. So ein Trip ist Teamarbeit, bei dem sich jeder auf den anderen verlassen muss, damit das kleine Flugzeug sicher nach oben und auch wieder herunter kommt.

Schon Besucher bemerken, wie gut die Stimmung in dem Verein ist. Dabei helfen schon die ganz Jungen mit, die Flieger in die Luft zu kriegen. Der Verein ist basisdemokratisch organisiert, jedes Mitglied hat das gleiche Stimmrecht. Finanziert wird das Ganze über die Beiträge und die aktive Hilfe der Mitglieder. Und natürlich über die Flugstunden. Denn selbstverständlich möchte der Verein auch Menschen von außerhalb zeigen, welchen Eindruck so eine Flugstunde machen kann und wie schnell man süchtig danach wird, über die Dörfer zu gleiten und die Region von oben zu genießen.

Interessierte können daher eine Schnupperrunde für 25 Euro buchen. Das Schweben dauert ungefähr 15 Minuten und hat schon so manchen dermaßen begeistert, dass er daraufhin dem Verein beigetreten ist.

Und hat sich der Traum vom Fliegen danach verfestigt, ist der Verein immer offen für neue Mitglieder.

Doch auch für Menschen, die die Höhenangst davon abhält, in so ein Flugzeug zu steigen, lohnt sich ein Besuch auf dem Flugplatz. Bei einem Picknick lässt sich schön beobachten, wie die Flugzeuge starten, ihre Runden ziehen und dann wieder landen.

Luftsportverein Burgdorf · Am Flugplatz 3 · 31303 Burgdorf – Ehlershausen
Tel. 05085/75 18 · www.lsv-burgdorf.de

100 WIEHERN, BELLEN UND MAUNZEN

Das Leben in Niedersachsen ist trotz aller Technik immer noch von der Landwirtschaft geprägt. Diese Atmosphäre kann man auch auf dem Pferdemarkt in Burgdorf genießen. Es ist der größte Markt für Haustiere in der Region. Egal ob Hund, Schaf oder Fisch – hier finden Tierfreunde ganz sicher einen neuen Freund.

Niedersachsen ohne Viecher – das geht nicht. Fährt man 15 Minuten aus Hannover heraus, ist man mitten auf dem Land. Das Bundesland ist von der Landwirtschaft geprägt. Auch rund um Hannover finden sich zahlreiche Höfe, auf denen Schweine, Pferde und Kühe gehalten werden. Und zu einem guten Betrieb gehört natürlich auch ein Hund, die Katze, ein paar Hühner, Schafe oder Ziegen.

Aus dieser alten Tradition heraus hat sich der Pferdemarkt in Burgdorf gegründet. Es ist der größte Haustiermarkt in der Region. Hier maunzt und wiehert und bellt und kratzt es – auf dem Pferdemarkt ist wirklich immer etwas los und Besucher kommen immer gerne hierher.

> Besucher sollten so früh wie möglich zum Markt kommen. Dann ist die Stimmung noch entspannt und alle Aussteller für ein Gespräch zu haben. Ab mittags bauen die ersten wieder ab.

Egal, ob sich Familien einen Hund zulegen wollen, Singles nach einer süßen Katze suchen oder Hofbesitzer nach einer Ziege: Wurden hier früher nur Pferde und Ponys verkauft, sind es heute auch Schafe, Kaninchen, Geflügel, Ziervögel, Fische und vieles mehr. Die Organisatoren betonen dabei, dass auf dem Pferdemarkt Tiere noch wie in alten Zeiten per Handschlag den Besitzer wechseln. Denn Ehre gilt für die Bauern und Züchter aus der Region immer noch viel.

Rund 150 Aussteller stehen zu den Terminen auf dem Markt, daneben gibt es Kleinkunst, Essensstände und Kasperletheater.

Ganz wichtig: Hunde dürfen aus Tierschutzgründen nicht selbst mit auf das Gelände gebracht werden.

Pferdemarkt Burgdorf · von April bis September an jedem dritten Sonnabend
Kleiner Brückendamm · 31303 Burgdorf

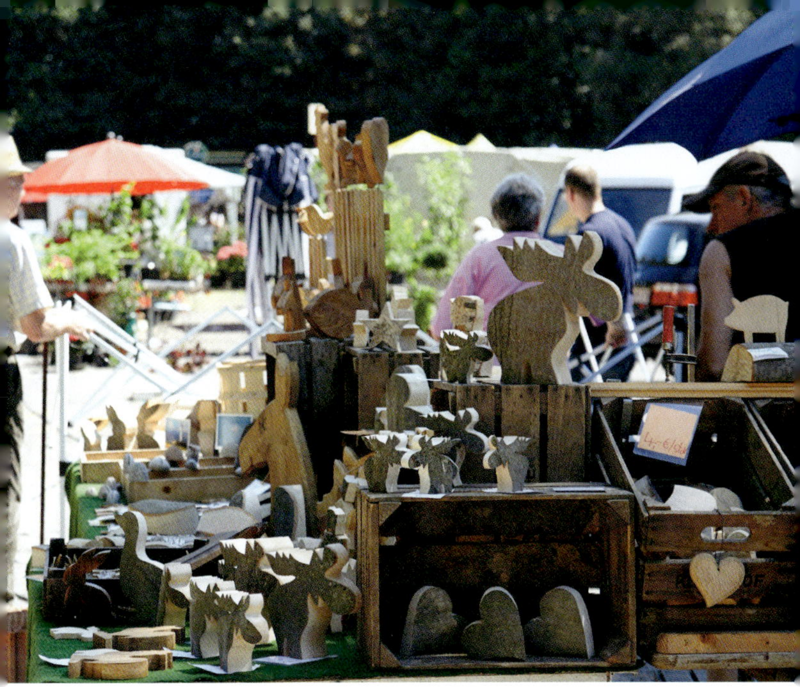

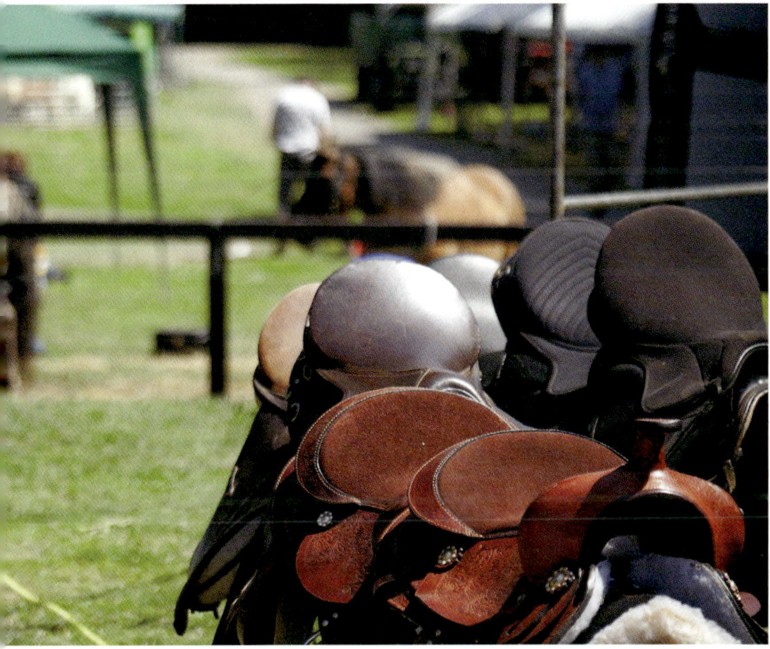

IMPRESSUM

Verantwortlich: Claudia Hohdorf, Maren Langendorff
Redaktion: Rainer Schöttle
Layout: Sabine Knape
Repro: LUDWIG:media
Korrektorat: Gisela Wunderskirchner
Umschlaggestaltung: Nina Andritzky, Alexander Knoll
Kartografie: Huber Kartographie
Herstellung: Alexander Knoll
Printed in Slovenia by Florjancic

Sind Sie mit diesem Titel zufrieden? Dann würden wir uns über Ihre Weiterempfehlung freuen.
Erzählen Sie es im Freundeskreis, berichten Sie Ihrem Buchhändler, oder bewerten Sie bei Onlinekauf.
Und wenn Sie Kritik, Korrekturen Aktualisierungen haben, freuen wir uns über Ihre Nachricht an Bruckmann Verlag, Postfach 40 02 09, D-80702 München
oder per E-Mail an lektorat@verlagshaus.de.

Unser komplettes Programm finden Sie unter 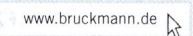 www.bruckmann.de

Alle Angaben dieses Werkes wurden von den Autoren sorgfältig recherchiert und auf den aktuellen Stand gebracht sowie vom Verlag geprüft. Für die Richtigkeit der Angaben kann jedoch keine Haftung übernommen werden. In diesem Buch wird aus Gründen der besseren Lesbarkeit das generische Maskulinum verwendet. Weibliche und anderweitige Geschlechteridentitäten werden dabei ausdrücklich mitgemeint, soweit es für die Aussage erforderlich ist.

Bildnachweis: Alle Bilder des Umschlags und des Innenteils stammen von Dagmara Syring, außer Shutterstock: Umschlagvorderseite (Christian Mueller), S. 27 u. (enterlinedesign), S. 66 (Mariana Marakhovskaia), S. 72 (hydebrink), S. 73 (Roman Babakin), S. 77 o. (wavebreakmedia), S. 77 u. (Kzenon), S. 154 (Igor Marx); Lookphotos: S. 4 (Jalag/Hänel, Gerald), S. 96 (Zielske, H.& D.), S. 155 (Jalag/Spörl, Lukas); Béi Chéz Heinz: S. 63; Clemens Brück: S. 3; Restaurant Chois: S. 27 o.; Cityförster: S. 94; Restaurant Emma: S. 23; Gottfried Wilhelm Leibniz Bibliothek, Jutta Wollenberg: S. 99; Restaurant Handwerk: S. 47 u.; Olaf Hauschulz: S. 113; HMTG/Martin Kirchner: S. 158 o.; Hannes Jung: S. 106; Lodderbast: S. 158 o.; picture alliance/dpa: S. 174 (2); Rittergut Eckerde: S. 150; RosebuschVerlassenschaften: S. 139; Henner Rosenkranz: S. 124 u.; Hardy Seiler: S. 179; Super Nice Shop: S. 47 o.; Isabel Winarsch: S. 104, 105 u. Umschlagrückseite; Wissenschaftsladen. S. 130.

Die Deutsche Nationalbibliothek verzeichnet diese Publikation in der Deutschen Nationalbibliografie; detaillierte bibliografische Daten sind im Internet über http://dnb.d-nb.de abrufbar.

ISBN 978-3-7343-2316-4